# 공부방의
# 여왕

# 공부방의 여왕

2013년 8월 7일 초판 1쇄 발행 ｜ 2013년 9월 25일 4쇄 발행
지은이 · 원영빈

펴낸이 · 박시형
책임편집 · 김은경 ｜ 디자인 · 김애숙

마케팅 · 장건태, 권금숙, 김석원, 김명래, 최민화
경영지원 · 김상현, 이연정, 이윤하
펴낸곳 · (주)쌤앤파커스 ｜ 출판신고 · 2006년 9월 25일 제406-2012-000063호
주소 · 경기도 파주시 회동길 174 파주출판도시
전화 · 031-960-4800 ｜ 팩스 · 031-960-4806 ｜ 이메일 · info@smpk.kr

ⓒ 원영빈 (저작권자와 맺은 특약에 따라 검인을 생략합니다)
ISBN 978-89-6570-170-5 (03320)

쌤앤파커스(Sam&Parkers)는 독자 여러분의 책에 관한 아이디어와 원고 투고를 설레는 마음으로 기다리고
있습니다. 책으로 엮기를 원하는 아이디어가 있으신 분은 이메일 book@smpk.kr로 간단한 개요와 취지,
연락처 등을 보내주세요. 머뭇거리지 말고 문을 두드리세요. 길이 열립니다.

이웃집 선생님에서 국내 최고 영어공부방
키즈엔리딩의 CEO로 거듭나다

# 공부방의 여왕

· 원영빈 지음 ·

쌤앤
파커스

| 차례 |

# 2 공부방, 어떻게 가르칠까?

# 3 아이들이 '오고 싶은' 공부방을 만들어라

# 4 공부방의 여왕, 이것만은 갖춰라

# 부록 성공한 공부방의 여왕들

# 공부방의 여왕이 되고 싶은 당신에게

"그게 상식적으로 말이 된다고 생각해?"

2005년 겨울, 우리 집 거실에 영어동화책 100권과 비디오테이프 50개로 영어도서관을 차리겠다고 선언하자 한심하다는 듯 남편이 던진 말이다. 3명이 살기도 좁은 집에서 몇 권 되지도 않는 영어책을 무제한 빌려주는 데 한 달에 5만 원이나 받겠다니 무모해 보일 수밖에.

하지만 그로부터 7년 후, 거실 한 쪽에서 시작한 영어도서관은 어느덧 영어공부방 '키즈엔리딩'으로 변모했고, 나는 어엿한 대표가 되어 13개 지점의 원장교육과 공부방 창업 컨설팅을 맡고 있다. 내게 늘 태클만(?) 걸던 남편은 어느덧 알아서 빨래도 척척 개는 자상한 남편으로, 난생 처음 공부방을 하며 겪었던 수많은 시행착오와 시련은 나와 같은 꿈을 가진 이들과 나눌 만한 귀중한 노하우로 발전했다.

처음 호기심 반 두려움 반으로 문을 두드렸던 아이들은 이제 키즈엔리딩을 '천국', '집보다 더 편안한 곳', '꿈을 키워주는 곳'이라며 아낌없는 찬사를 보낸다. 13명의 원장님들은 아이들이 즐겁게 공부할 수 있도록 자신의 시간과 능력을 아낌없이 할애하고 발휘한다. 이러한 선생님과 아이들을 보며 나도 달라지기 시작했다. 영어를 뛰어나게 잘하지도 못하고 매사에 자신감도 없던 내가, 어려운 일이건 쉬운 일이건 나를 찾아오는 선생님들의 문제를 해결해주면서부터 누군가의 성공을 돕는 데 보람을 느끼기 시작한 것이다.

사실 아이들을 가르치다 보면 외롭고 힘들 때도 적지 않다. 어쩌면 힘들 때가 훨씬 많을지도 모른다. 말 못할 어려움을 겪으면서도 언제나 밝은 모습과 환한 웃음을 유지해야 한다. 그럼에도 나를 믿고 묵묵히 따라와주는 선생님들을 보면서, 교육과 사업 사이에서 고민하는 선생님들을 보면서, 먼저 이 길을 걸어온 선배로서 행복한 교육사업을 이끌어가는 비결을 전하고 싶은 마음이 서서히 싹트기 시작했다.

비결이라는 말이 다소 거창하게 들릴 수도 있을 것이다. 집에 책상하나 놓고 아이들을 가르치는 데 뭐 그리 특별한 비법이나 묘수가 필요하냐는 분들도 간혹 있다. 하지만 공부방을 하다 보면 아이들 가르치는 것 외에 홍보부터 학부모 상담까지 신경 써야 할 것이 한두 가지가 아니다. 나이 제한이 없다고는 해도 50세, 60세까지 하기에 쉽지 않은 일이다. 아이들에게 끊임없는 애정과 관심을 기울이며 개별적인 지도를 하려면, 온종일을 써도 시간이 부족할뿐더러 체력적으로도 버겁기 때문이다. 공부방에 전문적인 프로그램과 시스템, 운명 노하우가 반드시 필요한 이유다.

누구나 다 아는 내용일 수도 있다. 하지만 어떤 이는 누구나 다 아는 것을 실행함으로써 자신이 원하는 모습으로 만들지만, 어떤 이는 시도조차 안 하지 않는가. 나 역시 처음부터 무엇이든 열심히 했던 것은 아니다. 그저 뚜렷한 계획도 목표도 없이 눈앞에 닥친 현실을 해결하는 데 급급하며 살아왔다. 그러던 어느 날 택시를 타고 가는데 라디오에서 흘러나온 한 스님의 이야기가 내 심장을 뛰게 했고, 나를 움직였다.

"욕심과 정진의 차이를 아십니까? 누구에게나 바라고 원하는 것은 있습니다. 하지만 바라기만 하고 행동하고 노력하지 않는 것을 '욕심'이라고 한다면, 자신이 바라고 원하는 것을 꾸준히 실천하는 것을 '정진'이라고 합니다. 누구나 정진해야만 그 꿈이 이루어지는 법입니다."

지금은 스님의 법명조차 기억나지 않지만 그 짧은 순간에 들었던 이야기는 아직도 나의 삶을 굳건히 지탱해주고 있다. 그리고 스님의 말이 내 마음을 움직여 변화와 성장을 이뤄낸 것처럼, 나의 이야기가 내가 모르는 누군가의 삶을 바꿀 수도 있다는 생각에 이 책을 쓰게 되었다.

여러모로 부족한 경험이지만, 아직 자리를 잡지 못한 많은 자영업자 공부방 선생님, 당당한 전문직으로 새롭게 출발하고 싶은 새내기 공부방 선생님들에게 부디 희망과 자신감을 찾아줄 통로가 되었으면 하는 바람이다. 아울러 현실에 치여 자신의 꿈을 접어둔 수많은 이들에게 나도 할 수 있다는 '용기'가 되었으면 하는 마음도 간절하다. 이러한 의지로 다시 한 번 힘차게 외쳐본다.

'아이들을 제대로 가르쳐야 하는 나는 공부방의 여왕이다.'

'어떤 상황에서도 품위를 잃지 않고 인생의 주인공으로 사는 나는 공부방의 여왕이다.'

'집은 나에게 최고의 일터이다. 가장 좋은 옷으로 갈아입고 출근해, 우리 집에 와서 책을 읽는 아이들에게 영어책 읽기라는 새로운 세상을 선사하는 나야말로 진정한 공부방의 여왕이다.'

원영빈

# 1장

# 나의 운명,
# 공부방을
# 시작하다

공부방이 큰돈 들이지 않고 창업해 아이를 보살피며 자신의 능력도 살릴 수 있는 기회인 건 맞지만, 그렇다고 슬슬 편하게 할 수 있다고 생각한다면 큰 오산이다. 그러한 자세로는 훌륭한 선생님도, 뛰어난 사업가도 될 수 없다. 공부방은 교육사업이다. 무엇보다 아이들에 대한 사랑과 관심, 교육에 대한 열정부터 갖춰야 할 것이다.

# 내가 공부방의 여왕이 된 이유

"대표님, 저희 동네에 정말 공부방 하기 딱 좋은 자리가 나왔어요. 초등학교 바로 앞인데, 지금 피아노 학원을 하는 곳이라 아이들 모으기도 어렵지 않아 보여요. 보증금 9,000만 원에 월세가 50만 원이래요. 정말 좋은 조건이라 이런 물건은 바로 나간대요. 지금 가계약이라도 하려는데 괜찮을까요?"

어느 날 키즈엔리딩을 새로 오픈하려는 예비 선생님이 격앙된 목소리로 전화를 걸어왔다.

"선생님, 잠시만요. 제가 곧장 갈 테니 흥분 가라앉히고 조금만 기다리세요. 10분 내로 가겠습니다!"

서둘러 가고 있는데 초등학교 건너편 주택가 초입에 있는 아담한 집이 눈에 들어왔다. 저 집인가 싶었다. 외부에서도 잘 보이는 예쁘장한 목조주택으로, 척 보기에는 나쁘지 않아 보였다. 학교와의 거리는 얼마나 되는지, 큰 도로에서도 눈에 잘 띄는지 찬찬히 살펴보고 있는데 옆에 있는 선생님이 "대표님, 집이 예쁘죠? 어때요? 잘되겠지요?" 하고 눈을 반짝이며 묻는다.

"네, 정말 예쁘고 탐나는 집이네요. 학교 근처라 아이들이 수업 후에 바로 올 수 있다는 점이 매력적이고요. 하지만 몇 가지 마음에 걸리는 점이 있어요. 우선은 인테리어 비용이 많이 들 것 같아요. 집이 예쁘긴 하지만 자세히 보면 꽤 오래 전에 지은 티가 나거든요. 도배, 장판은 기본으로 해야 하고요. 화장실이나 주방도 깨끗이 청소한다고 해도 아파트처럼 깔끔해 보이기는 쉽지 않겠어요. 다 뜯어고칠 수도 없고요. 게다가 오래된 주택은 겨울에 난방비가 많이 나올 걸 감안하면, 월세가 조금 부담스럽지 않을까요? 첫 달에 생각만큼 학생들이 모인다면 그 정도 월세가 버겁진 않겠지만, 처음부터 인테리어 비용과 월세에 대한 부담을 안고 시작하면 아무래도 일에 전념하기 어렵답니다. 경제적 부담이 크면 자연스럽게 아이들을 가르치는 데 소홀해지거든요. 조금 시간이 걸리더라도 다른 곳을 좀 더 찾아보는 게 어떨까요?"

긍정적인 답변을 기대하며 나를 불렀던 그녀는 힘없이 나를 바라보며 "얼마 전 입주를 시작한, 학교에서 한 블록 떨어진 대단지 아파트에 가보자."고 했다. 부동산의 소개를 받아 들어간 집은 30평대로 네

식구가 살면서 공부방을 운영하기에 딱 적당한 크기였다. 가격도 원하는 조건과 맞아떨어졌다. 단 아파트 14층이라는 점이 마음에 걸렸다. 아이들이 엘리베이터를 타고 드나들어야 했고, 베란다에 현수막을 걸어도 잘 보이지 않는다는 것이 단점이었다.

우리는 다시 내려와 아파트 내의 작은 공원에 앉아 그 집을 올려다 보며 이야기를 시작했다. 내가 먼저 말을 꺼냈다.

"제 생각엔 이 집이 좋을 것 같습니다. 일단 새집이라서 온 가족이 이사에 찬성할 거고요. 집이 넓어서 두 아이에게 방 하나씩 주고 공부 방으로 거실과 주방만 써도 될 것 같아요. 거실 양쪽에 책장과 코칭 테이블을 놓는다면 특별히 인테리어를 할 필요가 없지요. 남향이라 하루 종일 해가 들어 따뜻할 테니 난방비도 적게 나올 테고요. 아파트 베란다에 현수막을 거는 대신 전단지를 좀 더 돌리면 되고요. 아파트 엘리베이터에서 아이들이 떠든다고 민원이 들어올 만큼 학생 수가 늘 어나면 그때 다시 일층으로 이사하는 것도 방법이지요. 새롭게 입주 하는 아파트라 부근에 학원도 많지 않아서 학생을 모집하기도 쉬울 것 같아요."

나의 말에 그녀의 어두웠던 얼굴이 다시 밝아지기 시작했다.

다음날 아침, 한 통의 전화가 걸려왔다.

"대표님, 어제 본 아파트로 계약했어요. 대표님 조언이 큰 도움이 되 었어요. 정말 감사합니다."

나는 순간 정의의 사도가 되어 한 사람의 목숨이라도 구한 것처럼 가슴이 벅차올라, "감사해요, 다 잘될 거예요. 도움이 필요하면 언제든 달려갈 테니 전화주세요."라며 서둘러 전화를 끊었다.

그 후 그녀는 원장교육을 충실히 받은 다음 정성스럽게 집을 꾸며놓고 학생들을 모집하기 시작했다. 예상했던 바이긴 했지만 다행스럽게도 공부방을 열자마자 많은 아이들을 모집할 수 있었다. 그녀는 자신을 믿고 온 아이들과 부모님들에게 보답하겠다는 심정으로, 좀 더 효과적으로 영어 리딩을 지도하기 위해 끊임없이 노력하고 있다.

그녀와 같은 선생님을 볼 때마다 이 일을 하기를 참 잘했다는 생각이 든다. 이제껏 다양한 일을 해왔는데 모두가 지금을 위해 하늘이 만들어놓은 관문이 아닌가 싶을 만큼 말이다. 무엇보다 내가 누군가를 도울 수 있는 위치에 있다는 사실이 가장 행복하다. 나는 처음 상담을 하러 오는 분들에게 다음과 같이 말한다.

"선생님, 인생의 마지막 기회일지도 모르니 신중하게 결정하셔야 합니다. 대충 할 거면 시작도 하지 마세요. 하겠다고 결심했으면 몸과 마음을 다 바치겠다는 각오를 하셔야 합니다. 공부방은 단순히 책 하나 놓고 아이들을 가르치는 일이 아닙니다. 실제 아이들을 지도하는 건 4~5시간에 불과하지만, 그 시간을 위해 온종일 준비해야 할 수도 있습니다. 학원에서 매달 월급 받던 것과는 완전히 다른 차원입니다. 하지만 일에서 얻는 보람은 선생님의 인생을 전혀 다른 빛으로 빛나게 할 겁니다. 아이 키우느라, 시댁 눈치 보느라 남는 시간을 활용해 본업이 아닌 부업을 하려는 거라면, 다시 생각하셔야 합니다. 선생님이 원하는 걸 얻기 위해 최선을 다할 각오가 되어 있다면, 최선을 다해 돕겠습니다."

공부방이 큰돈 들이지 않고 창업해 아이를 보살피며 자신의 능력도 살릴 수 있는 기회인 건 맞지만, 그렇다고 슬슬 편하게 할 수 있다고 생각한다면 큰 오산이다. 그러한 자세로는 훌륭한 선생님도, 뛰어난 사업가도 될 수 없다. 공부방도 교육사업이다. 무엇보다 아이들에 대한 사랑과 관심, 교육에 대한 열정을 가져야 한다. 그것만 갖춘다면 전문적인 프로그램과 시스템은 자연히 따라오게 되어 있다.

내 인생의 가장 중대한 갈림길이자 도전인 '키즈엔리딩'을 시작한 계기도 마찬가지였다. 사랑하는 아들이 아니었다면, 아이들에게 영어를 제대로 가르쳐보겠다는 열정이 아니었다면, 지금의 키즈엔리딩은 존재하지 않았을지도 모른다. 지난날을 돌이켜보면 아무 것도 모르던 내가 어떻게 그런 대형사고를 칠 수 있었는지 그저 놀라울 따름이다. 어쩌면 공부방이야말로 내 '운명'이 아니었을까.

# 극성 엄마의 무모한 도전

　나는 아이가 태어나기 전부터 열혈 극성 엄마였다. 학창 시절부터 공부에는 그리 자신이 없었기에, 우리 아이만큼은 똑똑하게 태어나게 해달라고 간절히 기도했다. 아이를 가진 동안에는 영어책 읽기, 클래식 듣기는 물론이고 동물원 가서 동물 보며 설명해주기, 그림책 읽어주기, 좋은 것만 먹고 좋은 것만 보기 등등, 알고 있는 지식을 총동원해 태교에 힘썼다. 분만에 관련된 책들을 쌓아놓고 달달 외울 때까지 읽고 또 읽었다. 그러다 자연분만의 좋은 점을 알게 되었는데, 그중 하나가 아이가 엄마 자궁을 통해 태어나면 머리가 한 번 마사지되어 머리가 좋아진다는 것이었다. 눈이 번쩍 뜨였다. 아이가 커서 제왕절개를 해야할 상황이었지만 어떻게든 자연분만을 해야겠다고 마음먹었다. 3.97kg

의 아이를 낳는 일이 얼마나 힘든지 알았더라면, 커다란 집게로 아이를 끄집어낸다는 사실을 알았더라면 그렇게 무모한 도전을 하지 않았겠지만. 결국 나는 똑똑한 아이를 낳겠다는 집념으로, 15시간이 넘는 엄청난 진통과 아이의 머리 크기를 이겨내고 순산에 성공했다.

지금도 그렇지만 아들 형석이가 태어났을 때도 조기교육의 열풍은 거세게 불고 있었다. 무조건 남들보다 빨리 가르치는 것이 정답이라 믿었던 나는, 생후 1년 7개월 만에 당시 대치동 엄마들이 열광한 글렌 도만 영재교실에 아이를 입학시켰다. 담당 선생님은 만 한 살이 넘으면 바로 시작했어야 했는데 너무 늦게 왔다며 나를 불안에 떨게 했다. 그때부터 17개월짜리 아이를 상대로 강훈련이 시작되었다. 입으로 촛불 끄기, 모니터에 나오는 영단어 외우기 등등. 도트 카드나 숫자를 적은 플래시카드를 넘기며 보여주는 연습도 했는데, 도트 100개까지는 굳이 세지 않아도 한눈에 알아볼 수 있게 한다나. 집중력은 기본이고 나중에 수학을 잘할 수 있다고 했다.

그런데 어째서인지 아이는 수업시간만 되면 괴성에 가까운 소리를 지르며 울어댔다. 지금 생각하면 정말 어리석은 생각이지만, 그때만 해도 아이의 미래를 위해 당연히 참아야 하는 거라고 믿었다. 다행히 그 영재교육은 수업에 참석했던 남편이 우는 아이를 업고 뛰쳐나오는 걸로 끝이 났다.

하지만 극성 엄마의 무모한 도전은 거기서 끝나지 않았다. 아이가 일곱 살이 되던 해에 나는 다른 건 몰라도 영어만큼은 제대로 가르쳐야겠다고 결심했다. 외국어 교육은 빠르면 빠를수록 좋다고 하지 않던가. 그래서 선택한 게 6개월짜리 뉴질랜드 어학연수였다.

물론 말처럼 쉽진 않았다. 일곱 살짜리 아이를 데리고 뉴질랜드에 가겠다고 하자, 남편은 나를 거의 정신 나간 사람처럼 취급했다. 주위 사람들도 회사원 월급에 어학연수가 웬 말이냐며 행여나 돈 빌려달라는 소리 하지 말라는 말부터 꺼냈다. 아이를 유학 보낸 경험이 있는 사람들은 아이가 한국어도 제대로 못하는데 영어 때문에 고작 6개월을 뉴질랜드에 간다니 돈과 시간 낭비라고 입을 모았다. 미국이나 영국, 캐나다 정도면 모를까, 뉴질랜드는 나중에 아이가 발음 때문에 고생만 한다는 의견도 있었다. 심지어 친척 어른 중에는 "부부가 떨어져 있으면 남자는 1년 안에, 여자는 6개월 안에 바람난다."며 말리는 분도 계셨다. 친구들은 아들과 나만 간다고 하니까 부부에게 무슨 문제가 있는 건 아닌지 의심의 눈초리를 보냈다.

오랜 시간 고민 끝에 내린 결정이었건만 모두들 반대하고 나서자 오히려 오기가 발동했다. '월급쟁이는 아이 유학도 못 보내나? 부부 사이가 뭐 어떻다고? 바람 필 놈은 같이 살아도 피더라!'

뜻을 굽힐 생각이 전혀 없었던 나는 계획을 약간 수정하기로 했다. 6개월 안에 아이에게 영어를 가르치겠다는 거창한 꿈 대신, 내가 할 수 있는 선에서 구체적이고 실현 가능한 목표들을 세운 것이다.

그런데 신기하게도 그렇게 마음먹고 나니 문제가 하나씩 풀리기 시작했다. 뉴질랜드에는 아는 사람이 없다는 이유로 극구 반대하던 남동생이 수소문 끝에 뉴질랜드에 정착해 사는 친한 선배를 소개해준 것이다. 마침 한국에 들어온 그 선배를 만나게 되었고 아이가 다닐 만한 초등학교를 대신 알아봐주기로 했다. 비행기표를 가장 저렴한 걸로 끊고 나자 수중에는 100만 원이 남아 있었다. 이 돈으로 남편의 월급날이 돌아올 때까지 일주일 정도만 버티겠다는 계산이었다. 그다음부터는 남편이 한 달에 200만 원씩 송금해주면 잘살 수 있을 것 같았다. '아, 이제 끝이다. 짐만 싸면 된다!' 마음속으로 만세를 불렀다.

### 뉴질랜드 맨땅 헤딩기

뉴질랜드에 도착해서는 아이와 함께 유스호스텔에 머물렀다. 우리가 묵을 만한 숙소 중에서는 유스호스텔이 가장 저렴했기에 한국에서 미리 예약해두었다. 동생이 소개한 선배와 만나기로 한 날짜는 일주일 후. 뉴질랜드에서 살게 될 집 역시 그 선배가 구해주기로 했다. 이제 우리는 아이 아빠가 일주일 후에 생활비를 보내줄 때까지 100만 원으로 여행만 즐기면 됐다. 수중에 돈도 있겠다 편안한 잠자리도 있겠다 이번 기회에 뉴질랜드 구경이나 실컷 해야지 하며 아이와 신나게 여행을 시작했다. 뉴질랜드 북섬의 오클랜드 도메인도 가고 빅토리아 파크도 가고 각종 박물관과 미술관들을 돌아다니며 먹고 싶은 것도 마음껏 사먹으니 마치 세상이 내 것 같았다. 아이가 느낄 행복은 둘째 치고, 내가 정말 행복했다.

그러나 그 행복은 일주일 만에 끝이 났다. 동생이 소개한 선배와 만

나기로 한 날인데, 선배가 나타나지 않은 것이다. 수없이 전화를 걸었지만 집 전화도 휴대폰도 받지 않았다. 화도 나고 겁도 나서 아무 것도 손에 잡히질 않았다. 엄마와 어린 아이 둘이서 일주일 넘게 장기 투숙을 하고 있으니 유스호스텔에서도 영 이상하게 보는 눈치여서 빨리 나가야겠다는 생각만 들었다. 처음 도착해서 일주일 동안은 볼 것 보고 먹을 것 먹으면서 우아하게 여행했는데, 하루아침에 노숙자 신세로 전락한 기분이었다.

급한 대로 뉴질랜드 안내책자를 뒤져보니 오클랜드 시내에 유스호스텔이 두 곳 더 있었다. 바로 옆 골목에 있는 것을 발견하고 다음날로 짐을 꾸려 낑낑대며 옮겼다. 하지만 우리가 묵게 된 방이 이전 유스호스텔보다 허름한 데다 창문 하나 없는 곳이어서 가뜩이나 불안하고 위축되어 있던 심기가 더욱 불편해졌다.

한숨 돌리긴 했지만 당장 다음 주부터 학기가 시작되는데 학교는커녕 집도 못 구하고 타국의 허름한 곳에 앉아 있으려니 눈앞이 캄캄했다. 고민 끝에 남편에게 전화했더니 "애 데리고 대체 무슨 짓이냐며 당장 비행기표 바꿔서 집에 오라."고 소리만 질렀다.

하지만 비행기표를 어디서 어떻게 바꾸는지도 모르는 데다 큰소리치고 여기까지 왔는데 그냥 돌아갈 수는 없었다. 자취를 감춘 선배를 떠올리자 답답하고 분한 마음에 눈물만 나왔다. 하지만 사태의 심각성을 느낀 아들녀석이 겁에 질려 동그랗게 눈을 뜨고 쳐다보는 바람에 울 수도 없어 눈물을 참으며 억지로 잠을 청했다.

선배만 믿고 찾아왔는데 전화도 받지 않고, 겨울이라 날씨는 춥고, 더러운 유스호스텔에서는 빨리 나가고 싶고, 내일이 새 학기가 시작되는 날인데 뭘 어떻게 해야 할지 막막해 잠이 오지 않았다. 나는 밤새도록 악몽에 시달리며 뒤척이다 새벽녘에 잠이 깨어 생각해보았다.

'어린 형석이 고생 그만 시키고 집에 그냥 갈까?', '과연 학교에 입학은 할 수 있을까?', '그래도 내가 한번 나서서 알아볼까?' 이런저런 생각이 꼬리에 꼬리를 물었다. 고심 끝에 내가 내린 결론은 여기까지 얼마나 많은 반대를 무릅쓰고 왔는데 이대로 물러설 수는 없다는 것이었다. 게다가 '훗날 형석이가 뉴질랜드에서 엄마와 함께 고생하며 학교와 집을 얻은 것을 자랑스러워 하는 날이 오지 않을까?' 하고 생각하니 도저히 집에 돌아갈 수 없었다.

'그래, 교육이 뭐 별건가. 이렇게 힘들게 고생해서 뭔가 이루는 성취감을 느끼게 하는 게 바로 살아 숨 쉬는 교육이지. 그래, 정신 바짝 차리자!'

그러고는 자리에서 벌떡 일어나 앉아 오직 단 하나, 아들의 밝은 미래만을 생각하며 '뉴질랜드에서 초등학교 보내기'에 대해 치밀하고도 앙증맞은(?) 계획을 세우기 시작했다. 그러자 신기하게도 몸에 불끈 힘이 나면서 아이디어가 샘솟기 시작했다. 그 전까지는 앞이 캄캄해서 아무 생각도 나지 않았는데 목표를 세우자 내 몸과 마음이 반응하기 시작한 것이다.

## 구세주, 스티븐 김을 만나다

우선 마음을 다잡고 유스호스텔 연장하기, 뉴질랜드 신문과 지도 구입하기, 근처에서 가장 가까운 초등학교 찾기 등, 내가 혼자서 할 수 있는 일들을 적어보았다. 나름대로 치밀한 계획을 세우고 나니 다른 사람의 도움을 받는 것보다는 좀 힘들더라도 다리품을 팔아 형석이에게 맞는 집과 학교를 직접 구하는 게 훨씬 낫다는 확신이 들었다. 다음날 아침 일찍 일어나 정성스럽게 화장을 하고 가장 정장다운 옷으로 갈아입었다. 학교에 가서 형석이의 입학을 부탁할 때 기죽은 모습을 드러내고 싶지 않아서였다.

오클랜드에는 학교가 많았지만 사전 준비 없이 바로 들어가기가 쉽지 않았다. 당시 우리나라에 유학과 어학연수 붐이 한창 불기 시작한 때라 대기자 중에는 한국 초등학생도 무척이나 많아서 경쟁이 치열했다. 그런데 신기하게도 철저한(?) 준비를 마치자 정말 나를 도와줄 사람이 나타났다. 유스호스텔 로비에서 우연히 한국 유학생을 만나게 되었는데, 그 여학생이 지도를 보며 부근에서 가장 가까운 초등학교 네 곳을 찾아 표시해준 것이다.

'이렇게 고마울 데가!' 나는 형석이가 마치 입학이나 한 것처럼 연신 "감사합니다"를 외쳤다. 지금 생각해도 정말 고마운 일이다.

"자! 이제 가자!" 행여나 잃어버릴까 싶어 일곱 살짜리 아이 손을 꼭 붙잡고 다른 한 손에는 그 유학생이 챙겨준 버스노선표와 시간표를 들고 버스 정류장으로 향했다. 그러나 동생의 선배만 믿고 아무런 공부도 하지 않았던 나는 버스가 서는 위치도 지명도 몰랐기에, 지도를 보면 볼수록 머리만 복잡해졌다. '차라리 걷자!' 다행히 지도가 꽤 자세하게 나와 있어서 가장 가까운 학교까지는 걸어갈 수 있을 듯했다. 버스 타면 10분이면 될 거리를 아이까지 데리고 가려니 족히 50분은 걸렸다.

그렇게 두 학교를 찾아갔건만, 이미 정원이 초과되어 더 이상 학생을 받을 수 없다는 답변을 듣고 돌아서야 했다. 그래도 나는 학교를 하나하나 찾아가는 과정이 그렇게 재미있을 수가 없었다. 지도에 있는 학교를 하나씩 찾을 때마다 "야호!" 하며 쾌재를 불렀다. 무려 8시간 넘게 걸어 다녔으니 어린 형석이에게는 너무 힘든 일이었을 것이다. 하지만 아이가 힘든 것까지 헤아려줄 수 있는 마음의 여유가 없었다.

드디어 3일째 되던 날 바로 우리가, 아니 내가 찾던 그런 조건의 학교를 찾게 되었다. 'Ponsonby School'이라는 이름의 학교였는데, 모든 게 좋아 보였다. 아름다운 바닷가가 한눈에 보이는 데다, 학생 수도 적고 선생님들도 친절해 보였으며 한국학생도 그리 많지 않은 듯했다. 단 학교에 들어갈 수 있는 조건은 학교 근처에 거주해야 한다는 것. 이 학교에만 들어간다면 무슨 짓을 못할까 싶은 마음으로 교장 선생님에게 면담을 요청해 입학 가능한 지역을 지도에 표기해 달라고 해서 가지고 나왔다.

부동산을 찾아 사정을 설명하고 렌트할 수 있는 집을 물어보니, 마침 한 곳이 있다며 주인의 명함을 주었다. 집을 구경하려면 집주인과 만나야 했는데 당시 나의 영어실력은 영어로 전화통화를 할 만큼 능숙하지 않았다. 그래도 어떻게든 빨리 이 상황을 해결하고 싶은 마음에 "에이 될 대로 돼라."며 전화를 걸었다. 더 이상 창피한 것쯤은 걸리지도 않았다. 그동안 우린 너무 지쳤고, 형석이마저 길거리에 주저앉아 더는 못 걷겠다며 징징거리는 통에 우선은 아무 집이라도 빨리 계약해서 맘 편히 쉬고 싶은 마음뿐이었다.

그런데 수화기 너머로 들려오는 소리는 도대체 무슨 말을 하는 건지···. 아들녀석마저 옆에서 칭얼대는 바람에 무슨 말인지 더 알아듣기 힘들었다. 할 수 없이 "쏘리." 한마디 하고 전화를 끊고 말았다. '이제 어쩌나, 입학 가능 지역 내에 나온 집이라고는 그집 하나뿐이었는데···.'

처음부터 다시 시작해야 한다고 생각하니 갑자기 기운이 쭉 빠져버렸다. '이제 어떡하지? 정말 방법이 없네. 집에 다시 가야 하나?'

형석이도 나도 너무 지쳐서 한발자국도 움직일 힘이 없었다. 나도 모르게 길가에 털썩 주저앉았다. 씩씩하기만 하던 엄마가 주저앉아 울먹이니 형석이도 옆에서 울음을 터트리고야 말았다. 한참을 그렇게 앉아 있었다.

그 순간 갑자기 이런 생각이 들었다.

하나님께서 우리가 여기에 오도록 허락하신 것은 분명 우리가 있을 곳을 이미 정해놓으셨기 때문이 아닐까? 지나치게 낙천적인 결론이라 생각할지도 모르겠지만, 당시 내 마음은 정말 그랬다. 그런데 그렇게 생각하고 마음을 바꾸자 정말 신기한 일이 벌어졌다. 지금 생각해보면 정말 마법같은 일이 아닐 수 없다.

내가 집을 구하기 위해 몇 번이나 지나다닌 'Ponsonby Road'에서 한 번도 만나지 못했던 한국 사람을 만나게 된 것이다. 길 건너편에 있는 일본식 레스토랑에서 한국 아가씨가 일하고 있는 모습이 갑자기 눈에 들어왔다. 나는 울고 있는 형석이를 그대로 업고 이것저것 따질 겨를도 없이 뛰어들어가서 다급한 얼굴로, "저 좀 도와주세요(저 좀 도와주시겠어요도 아니고)."라고 구걸하듯 말했다.

그러자 그 아가씨가 마치 기다리고 있었다는 듯 환하게 웃는 천사의 얼굴을 하고 "그럼요. 저희 주인 아저씨가 도와주실 거예요."라고 답하는 게 아닌가. 마치 그 말이 마법의 주문처럼 들렸다. 우리는 그날로 그랜필드Grenfield에 있는 주인집의 빈 방에서 홈스테이를 시작하게 되었다. 마법은 그뿐만이 아니었다.

우리가 묵게 된 집에서 학교까지는 도보 5분 정도로, 찻길만 하나 건너면 될 만큼 가까웠다(뉴질랜드에서는 보통 차로 아이들을 데려다준다). 내가 지루하지 않게 뉴질랜드 생활을 할 수 있도록 쇼핑몰도 가까웠으며, 도서관, 그리고 영어를 저렴하게 공부할 수 있는 커뮤니티 센터까지, 차가 없어도 아무런 불편함 없이 지낼 수 있는 곳이었다. 어떻게 내가 이처럼 완벽한 곳에 살게 되었을까? 어떤 마법의 힘 때문인지 몰라도 우리의 집 찾기는 사흘만에 해결되었고, 나머지 행운들도 넝쿨째 따라왔다.

나는 그렇게 오클랜드에서 내 인생의 첫 번째 행운을 만났다. 바로 스티븐 김 내외다. 지구 반대편에서 난생 처음 만난 사람들에게 그렇게 따뜻한 온정을 베풀어준 그분들과의 만남이야말로 내 인생 최고의 행운이자 복 중 하나일 것이다. 만약 내가 오클랜드 길거리에 주저앉아 울다가 포기하고 그냥 한국으로 돌아왔다면 지금의 나와 키즈엔리딩이 존재할 수 있을까?

# 뉴질랜드 스쿨캠프, 겁 없는 도전

뉴질랜드 북섬 그랜필드 지역에서 스티븐 김 가족과 보낸 나날은 가히 축복이었다. 나는 마치 어린아이처럼 그분들의 보살핌을 받으며 뉴질랜드 홈스테이에 빠르게 적응해갔다. 그분들이 해주는 밥을 먹고 그분들이 추천해준 커뮤니티 센터에서 영어도 배우고, 많은 다국적 친구들을 사귀며 뉴질랜드 생활에 젖어들기 시작했다.

마치 멀리 있던 손자가 집에 오기라도 한 것처럼, 스티븐 부부는 형석이에게 평소 내가 주지 못한 사랑을 듬뿍 베풀어주었다. 성경책 한 줄을 겨우 더듬더듬 읽는 형석이에게 어린아이가 어쩌면 이렇게 영어를 잘하느냐며 박수와 찬사를 보낼 정도였으니, 극성 엄마를 만난 탓에 칭찬 한 번 제대로 받아보지 못했던 아이가 눈에 띄게 밝아졌다. 두 살 터울의 형들 덕분에 학교생활도 더욱 재미있게 만끽할 수 있었다.

하지만 3개월 만에 북섬에서의 생활을 마스터(?)하고 나자 슬슬 뉴질랜드에서 가장 아름답다는 남섬이 궁금해지기 시작했다. 한국에서 10시간이나 떨어진, 아는 사람이라고는 아무도 없는 곳에서 아이와 둘이 잘 지낸 건 정말 고마운 일이지만, 남은 3개월은 다른 환경에서 다른 경험을 해보고 싶었다. 이러한 생각을 털어놓자 남편은 말 그대로 펄쩍 뛰었다. 처음 뉴질랜드에 갈 때 그렇게 애를 태우고 이제 좀 마음을 놓나 했더니 아무도 알지 못하는 곳에 간다는 게 말이나 되느냐는 거였다. 심지어 며칠 동안 전화도 하지 않았다.

그랬다. 솔직히 내가 생각해도 제정신은 아닌 것 같았다. 아무리 잘 해주는 분들이 많다고는 해도 일곱 살 형석이에게 뉴질랜드 학교생활은 만만치 않을 거였다. 겨우 형들을 의지하며 잘 다니는데 또 다시 새로운 생활에 적응해야 하다니. 언제나 내 편이었던 스티븐 부부도 이번만큼은 우려를 드러냈다. 뉴질랜드 남섬이 북섬보다 아름답기는 하지만 날씨도 훨씬 춥고 아는 사람도 없는데 가서 어떻게 할 것이냐며 걱정해주셨다.

하지만 한 번 생각이 든 이상 행동에 옮기지 않을 수 없었다. 이번엔 남편이 휴가를 받아 남섬에 함께 가는 선에서 일단락되었다. 남편은 남섬의 크라이스트처치(Christchurch)까지 동행해 집과 학교를 구해준 후 한국으로 돌아갔다. 나는 형석이와 함께 많은 사람들을 만나고 또다시 우여곡절을 겪으며 남섬에서의 3개월을 무사히 마쳤다.

뉴질랜드 생활에 익숙해지기 위해 고군분투했던 북섬에서의 3개월과 달리, 남섬에서의 3개월은 나에게 다양한 생각거리를 던져주었다. 남섬이 처음 가본 곳이긴 해도 3개월간의 북섬 생활로 어느 정도 정신적인 여유가 생긴 터라, 그동안 한 번도 생각해보지 못한 것들이 눈에 들어오기 시작했다. 그중 하나가 스쿨캠프였다. 처음에는 영어를 한마디도 못하던 형석이가 뉴질랜드 학교에 다니면서 어느덧 다른 친구들의 대화에 낄 만큼 영어가 쑥쑥 느는 것을 보고는 하나의 가능성을 발견한 것이다.

'그래 캠프다. 나도 스쿨캠프를 해보자!', '우리 아이뿐 아니라 다른 아이들도 데려와서 내가 구한 집에서 함께 지내면서 학교를 다니게 하면 어떨까? 그 아이들은 영어를 배울 수 있어서 좋고 엄마들은 내가 엄마처럼 돌봐주면 다른 곳에 보내는 것보다 훨씬 안심이 될 테니 양쪽 다 좋지 않을까?'

그렇게만 되면 더 이상 남편에게 생활비를 받지 않아도 캠프에서 나오는 수입으로 형석이와 신나게 영어를 배우며 살 수 있을 테니, 금상첨화였다. 이보다 더 좋은 기회는 없어 보였다.

### 초보 엄마의 첫 번째 창업 도전기

처음 약속한 6개월이 지나자 나는 뉴질랜드 스쿨캠프라는 부푼 꿈을 안고 일단 한국으로 돌아왔다. 가장 먼저 강남에서 바이올린 학원을 운영하는 친구를 찾아갔다. 같은 초등학교와 중학교를 졸업한 친구는 언제나 내게 멘토가 되어주었을뿐더러, 오랫동안 피아노 학원을 운영한 경험자였기 때문이다. 그녀는 내 계획에 크게 찬성하며 학생도 몇 명 소개시켜주었다. 그들이 바로 나의 첫 번째 학생들이었다.

나는 수년 동안의 해외체류 경험, 엄마로서의 경험, 그리고 아이와 함께 한 뉴질랜드 어학연수의 경험을 바탕으로, 한국의 초등학생들을 뉴질랜드 초등학교에 입학, 공부시키는 스쿨캠프를 열었다. 그간 여러 일을 해보았지만 내가 가장 자신 있고 즐겁게 할 수 있는 일이라는 확신이 들었다.

스쿨캠프를 준비하는 데는 꼬박 반년이라는 시간이 걸렸다. 캠프 준비를 위한 첫 작업은 홈페이지 만들기였다. 무엇보다 이름을 뭐라 지을지가 관건이었는데, 고심 끝에 '아이스타디엔젯(istudynz)'이라는 이름을 지었다. nz는 바로 뉴질랜드NEW ZEALAND의 약자로, '나는 뉴질랜드에서 공부한다'라는 뜻이었다. 외우기도 쉽고 캠프를 만든 취지와도 가장 잘 맞아 보였다. 다만 한국말로 표기할 때 아이스터디로 발음해야 할지, 아이스타디로 발음해야 할지가 고민이었다. 왠지 발음상 스터디는 좀 무겁고 강압적인 느낌이 나는 반면, 스타디는 자유롭게 공부하는 아이들의 밝은 이미지가 연상되었다. "아이들을 자유롭고 신나게, 빛나는 스타로 키우자."는 나의 생각이 반영된 것 같아 아이스타디엔젯이라고 부르기로 했다. 그 후 홈페이지 서버 등록, 디지털 캠코더 사용법 익히기(그때 처음 용산이라는 곳에 가봤는데 일제가 최고인 줄 알고 구입하는 바람에 설명서가 모두 일어로 되어 있었다), 동영상 띄우기

(그때만 해도 동영상을 웹페이지에 올리려면 파일 변환 등이 말도 못하게 어려워서 제대로 올리는 데 거의 한 달이나 걸렸다), 아이들 모집 설명회, 비행기표 예약(비행기표 예약에 대해 거의 문외한이기도 했지만 때마침 성수기여서 비행기 예약을 하는 데 무척이나 애를 먹었다)등 난제들을 하나하나 처리해 나갔다.

뉴질랜드 현지와의 연락은 모두 이메일로 이루어졌다. 예를 들면 학교 입학, 집 구하기, 아이들 개인교사 구하기, 방과 후 활동인 승마 등을 모두 한국에서 준비했는데, 뉴질랜드 사람들과 메일을 주고받으면서 족히 몇 년은 늙어버린 것 같다. 나는 캠프를 준비하는 동안 정말 대한민국이 훌륭한 나라임을 다시 한 번 실감했다. 뉴질랜드 사람들은 내가 이러이러한 일을 하려는데 가능하겠느냐고 이메일을 보내면, 절대 'No'라고 말하지 않고 애매하게 이야기하는 편이다. "되면 된다. 아니면 안 된다."고 확실히 말해주면 빨리 진행하거나 다른 방법을 찾아볼 텐데, 수십 일이 지난 후에야 답을 해주니 애가 타고 힘들었지만 덕분에 비즈니스에서는 '여유가 결국 이긴다'는 진리를 깨닫게 되었다. 그래서 다행히 지금은 어떤 일을 해도 서두르지 않는다. 당장은 답답할지 몰라도 여러 번 생각하고 일해야 시행착오를 줄일 수 있다는 걸 뉴질랜드에서 배웠기 때문이다. '서두르면 지는 거다'가 나의 비즈니스 철학이 된 셈이다.

그 밖에 학부모들과의 미팅, 3개월 동안 7명이 먹을 한국음식, 정확한 공항수속을 위한 리허설(출국신고서 작성, 여행보험가입, 아이들 가방을 뉴질랜드 공항에서 쉽게 찾도록 짐에 노란 끈 묶기, 캠프생활 중 궁금한 점을 따로 요약하여 부모님들에게 전달하기, 아이들 이름표를 만들겠다고 남대문 시장까지 가서 구입한 끈과 이름표, 대한민국 국기스티커까지 부착한 이름표를 만든 것까지)…. 내가 과연 주부가 맞는지 의심스러울 만큼 이루 말할 수 없이 바빴던 6개월이 지나가고 캠프를 향해 출발하게 되었다.

공항에서의 모든 수속을 끝내고 작별의 인사를 나누는 자리. "부모님들 걱정하시는 마음은 다 압니다. 영어를 배우는 것도 중요하지만 제가 그보다 중요하게 여기는 것은 아이들의 안전입니다."

그런데 모든 부모들의 걱정스러운 눈빛이 내게 몰리는 순간 나도 모르게 갑자기 목이 메었다. 그 순간 저 멀리 기둥 뒤에 숨어 나를 바라보시는 아버지와 눈이 마주쳤기 때문이다. 늘 사고만 저지르는 작은딸이 걱정되어 몰래 보러 오셨을 아버지의 마음을 생각하자, 더 이상 말을 이을 수 없었다. 정말 잘하겠노라고 마음속으로 다짐, 또 다짐했다.

뉴질랜드 스쿨캠프는 철저한 준비와 연습, 계획과 실천을 거듭하며 수년 간 비교적 순조롭게 진행되었다. 해마다 테마를 달리 하면서 각 그룹의 특성에 맞는 다양한 프로그램을 실행하는 것이 내가 그리던 이상적인 캠프였다. '뉴질랜드 어린이들과 함께하는 캠핑과 데이(Day) 프로그램', '영어와 승마 그리고 보트타기Sea Sailing', '바이올린 선율과 함께하는 뉴질랜드 대탐험 캠프' 등 특색 있는 캠프가 될 수 있도록 최선을 다했다. 그중에서도 뉴질랜드의 석양이 지는 바닷가에서 열린 꼬마들의 바이올린 음악회와 팜스테이(Farm Stay)를 하며 양떼들을 배경으로 한 바이올린 연주는, 아이들의 예술적 감성을 최대한 자극한 최초의 어린이 갈라 캠프로 기억된다.

　이때 쌓은 경험은 나중에 아이들의 특성에 맞게 영어를 가르치고 키즈엔리딩만의 프로그램을 만들어가는 데 정말 큰 도움이 되었다. 아이들에게 영어단어 하나를 더 가르치기보다 외국생활을 통해 '영어를 하고 싶다는 깨달음'을 선사할 수 있는 시간이었다.

# 캠프, 두 손 들고 퇴장하다

　세상을 살아가다 보면 온갖 시련에 마주하게 된다. 도저히 감당할 수 없는 시련이 닥쳤을 때는 내가 왜 이런 일을 겪어야 하는지 하늘이 원망스럽기도 했다. 하지만 지금 와서 생각해보면, 시련을 통해 또 다른 기회를 얻은 게 아닌가 싶다. 그때 시련 속에 삶의 가르침이 있었음을 알았더라면, 좀 더 의연하게 대처했을지도 모를 일이다. 이 또한 모두 지난 일이니 할 수 있는 얘기겠지만. 아무튼 뉴질랜드 캠프에서 겪었던 응급환자 이송사건은 내 삶의 방향을 완전히 돌려놓는 결정적인 계기가 되었다.

　우여곡절 끝에 시작한 뉴질랜드 스쿨캠프는 어느덧 6기째 접어들었고, 모든 것은 순조롭게 진행되고 있었다. 그동안 고민하고 있던 문제들은 하나둘씩 경험과 연륜이라는 이름 아래 덮여졌고, 슬슬 작은 일쯤은 대수롭지 않게 넘길 대범함도 갖추어가고 있었다. 잘 차려진 밥상 앞에 앉아 밥을 먹기만 하면 되는, 그런 어느 날이었다.

캠프가 입주해 있던 집 주인인 데이브 할아버지가 "요즘 뇌수막염이 돌아서 마을 전체가 발칵 뒤집혔으니 각별히 신경쓰라."는 당부를 해왔다. 당시 뇌수막염이라고 정확히 말씀해주셨지만 나는 처음 듣는 영어 병명이라 병의 일종이라고 생각했을 뿐, 우리와는 전혀 상관이 없다고 생각해 아예 사전을 찾아볼 생각도 하지 않았다. 그런데 바로 그날 저녁, 아들 형석이가 머리가 아프다고 호소하더니 열이 39도까지 오르면서 토하기 시작했다. 그제야 어제 데이브 할아버지가 한 말이 생각나 덜컥 겁이 났다. 날이 밝자마자 서둘러 한 시간 거리의 병원에 달려가 치료를 받았는데, 불행 중 다행히도 하루만에 제법 좋아졌다. 형석이는 내 아들이었기에 열이 나면 무엇을 어떻게 해야 하는지, 뭘 먹어야 기운을 차리는지 비교적 잘 알고 있어서 빠른 처치가 가능했던 것이다.

그런데 진짜 문제는 다음날 터져버렸다. 형석이보다 한 살 위인 현우라는 아이가 있었는데 아픈 형석이가 불쌍하게 느껴졌는지, 그날 밤 형석이 침대에 몰래 들어가서 함께 잠을 잔 것이다. 난 그것도 모르고 아침에 머리가 아프다는 현우를 학교에 가기 싫어 꾀를 부리는 거라 생각하고 억지로 학교에 보냈다. 현우는 그날 저녁부터 "선생님 저, 머리가 너무 아파요." 하며 고통을 호소했다. 열이 39도, 40도를 넘어가면서 먹은 것도 토하기 시작했다. 밤이 되자 현우의 증상은 더더욱 심해졌다. 근처의 병원은 이미 문을 닫았기에, 황급히 자고 있는 데이브 할아버지를 깨워 119를 불러달라고 했다.

그런데 구급차를 보내달라고 전화하는 사람이 그렇게 느긋하게 통화하는 걸 살면서 처음 봤다. 수화기를 빼앗아버리고 싶은 것을 간신히 참고 또 참을 정도였다. 그의 말을 간단히 옮겨보자면 "헬로우~ 나는 어디에 사는 데이브라는 사람인데… 코리아에서 아이들 여러 명이 우리 집에 와서 어학연수를 하는데 며칠 되었으며… 그중 한 아이가 엊그제 아파서 어디 병원에 가서 치료를 받고 왔는데 함께 잤던 한 살 많은 남자아이가 그 아이와 같은 증세를 보이고 있다…."

소설 한 편을 쓰고도 남을 만큼 자세한 설명이 이어지고 또 이어졌다. 한국 같았으면 벌써 아이를 업고 병원에 가거나 구급차가 도착해 병원에 가 있을 시간인데, 서로 통성명을 하고 있으니 정말 답답해서 미칠 지경이었다. 옆에서 듣고 있는 내 속은 바짝바짝 타들어갔다. 내가 하도 재촉을 하니 그제야 할아버지는 구급차를 부르려면 비용이 얼마가 들고, 꼭 그래야 할 만큼 위급한 상황인지 체크해봐야 한다고 말해주었다. 게다가 한 손으로는 교환원과 통화를 하면서 뇌수막염인지 알아보는 테스트라며 아이 몸에 난 뾰루지에 컵을 가져다 대고 확대시켜 보는 등 영 미덥지 않은 태도를 보여주더니, 아직 그만큼 긴박한 상태가 아니니 내일 아침 근처 병원으로 가라는 교환원의 말만 듣고 전화를 끊어버렸다.

아! 내가 알고 있는 욕이란 욕은 전부 머릿속에서 소용돌이쳤고, 나는 불안과 초초함으로 점점 이성을 잃어갔다. 일단 현우는 형석이와 증상이 무척이나 달랐다. 형석이가 아플 때와 달리 이 아이를 어떻게 처치해야 할지 몰라 한국에 있는 아이 부모님께 전화를 걸고 싶었지만, 비행기로 12시간 걸리는 거리에 있는 아이 때문에 애태울 부모를 생각하니 도저히 전화할 수가 없었다.

그 사이 열은 39.5도를 넘어가고 아이는 하루 종일 먹은 것도 없는데 화장실 변기 앞에서 부들부들 떨면서 웩웩 구역질을 하고 있었다. 열이 나서 웃옷을 벗겼더니 추워서인지 세면대를 잡고 부들부들 떠는 지경이었다. 나는 그런 현우를 뒤에서 안고 "괜찮아, 너 금방 괜찮아질 거야. 우리 현우 정말 잘 참는구나!"라고 말은 했지만, 솟구쳐 나오는 울음을 간신히 참느라 가슴이 찢어질 것 같았다.

내가 이 상황에서 약한 모습을 보이면 현우가 더 놀랄 것 같아 되도록 침착하려 애를 썼지만, 아이에 대한 죄책감과 나의 무지함에 대한 원망 때문에 피를 토하는 울음이 쏟아져 나왔다.

'하느님, 제발 현우 좀 살려주세요. 제가 다 잘못했어요. 이번에 현우만 살려주시면 이제 다시는 캠프 같은 거 안 할게요. 제가 무지해서 벌어진 일이니 한 번만 용서해주세요' 하면서 엉엉 울었다. 정말 아이만 낫는다면 무슨 짓이라도 할 수 있을 것 같았다.

어떻게 시간이 갔는지 모르는 밤이 지나고 날이 밝았다. 현우는 거의 실신 지경이었고 나도 제정신이 아니었다. 병원이 문을 열 시간이 되자 나는 평소 내게 그런 힘이 있었나 싶게 현우를 등에 둘러업어 차에 태우고 병원을 향해 달렸다. 오직 아이를 살려야겠다는 절박함에 눈에서 눈물이 줄줄 흘러내려 앞도 보이지 않았다. 그런데 이번엔 이 놈의 병원이 문제였다. 아이는 아파서 앉아 있을 수도 없을 만큼 헛구역질과 고열이 심한 상태인데, 또 다시 통성명을 시작하는 거였다.

"헬로우~ 나는 누구인데 너는 누구냐. 저번에 왔던 아이와 같은 증세이니 크게 걱정할 것은 못 된다." 의사는 아이 상태를 빤히 보면서도 태연하게 이야기를 이어나갔다. 그뿐만이 아니었다. 아이는 정말 미쳐버릴 듯이 아파서 힘들어 하는데, 병원에서 해줄 수 있는 거라곤 단지 예방약 차원의 주사 한 대뿐이라는 것이다. 그나마 이 아이는 지난번 아이보다 상태가 안 좋으니 좀 더 큰 병원으로 가야겠다며 구급차를 불러주었는데, 오는 데 얼마나 걸리냐고 물으니 2시간이 걸린다고 했다. 나는 돈은 얼마든지 낼 테니 헬리콥터를 불러달라고 소리쳤다. 그러나 그들은 오히려 나를 이상한 여자 취급하며 내 말에 신경도 안 쓰는 눈치였다. 나는 아이가 더 괴로워하는 걸 보면서 어느덧 정말 미친 사람처럼 울부짖고 있었다.

별의별 생각을 다하면서 불안에 떨며 기다리는데 드디어 구급차가 도착했다. 구세주라도 만난 기분에 현우를 훌쩍 업고 구급차에 태우려는데 또 통성명이 시작되었다. 이번엔 내 이름까지 물어보았다. 나는 그 자리에 주저앉아 엉엉 통곡하기 시작했다. 극도의 긴장감과 두려움, 그들의 느긋함 때문에 미쳐버릴 것 같았다. 나는 병원에 가는 동안 누운 현우를 안고 흐느껴 울면서 기도했다.

"하느님. 제가 살면서 잘못한 것이 있다면 용서해주세요. 제가 아무 것도 모르면서 착하고 건강한 아이들 데리고 와서 이렇게 만들었으니 제발 용서해주시고 이 아이만 살려주시면 뭐든지 할게요."

그들이 보기에는 거의 미친 한국여자와 그의 아들로 보이는 현우는 병원에 도착 후 특별 1인실에 배치되었다. 며칠 동안 화장은커녕 세수도 못한 채 머리는 빗지도 못하고 두꺼운 검은색 안경을 쓴 내가 그들 눈에는 난민쯤으로 보였을지도 모르겠다. 우리는 무슨 큰 전염병에라도 걸린 양 특별 보호되었다. 내가 병실 밖에 나올 때마다 나의 움직임에 의사와 간호사가 촉각을 곤두세웠다.

이틀쯤 뜬 눈으로 밤을 세웠을까. 다행히도 현우는 우려했던 뇌수막염은 아니었고 의료진들의 도움으로 기력을 되찾았다. 아이가 거의 회복되었을 때쯤 현우 어머니에게 전화를 걸었다. 소식을 듣고 눈물만 흘리는 부모에게 무슨 말을 할 수 있었을까. 아이가 잘 있다는 소식을 전하게 되어 기뻤지만, 아픈 아이를 걱정하는 마음에 눈물만 흘렸을 심정을 생각하니 더 이상 아무 말도 할 수 없었다.

드디어 병원을 나와 집에 가게 되었다. 그런데 정신을 차려 보니 수중에 돈이 하나도 없었다. 그날 아침 아이를 업고 급히 나오는 바람에 지갑을 가져오지 않았던 것. 병원비야 보험으로 대신해도 되었지만, 2시간 거리의 케리케리까지 가려면 차비가 필요했다. 다행히 현우 바지에서 꼬깃꼬깃 접은 돈이 나와 표를 끊고 버스에 오르는데 버스기사가 우리를 보더니 기겁을 했다. 그도 그럴 것이 현우는 나에게 업혀 나오느라 신발도 신지 않은 데다 추운 날씨에 티셔츠만 하나 간신히 입고 오들거리며 떨고 있었고, 내 꼬락서니 역시 난민이나 마찬가지였다. 집이 있는 케리케리에 도착하니 함께 일하는 선생님과 데이브 할아버지가 마중 나와 있었다.

도착할 때쯤 되어 기다리는 사람들을 보니 코끝이 시큰거렸다. 급기야는 멀리서 뛰어오는 이 선생을 시내 한복판에서 얼싸안고 이산가족 상봉이라도 한 듯 꺼이꺼이 목 놓아 울고 말았다. 나중에 들으니 굳이 말하지 않아도 버스에서 내리는 현우와 나의 행색에서 그간의 고생이 고스란히 느껴졌다고 한다. 그동안 말도 못하고 가슴에 쌓아둔 응어리가 터져 나오는 기분이었다.

나는 집에 돌아오자마자 한국에 계신 아버지에게 전화를 걸었다. 병원에 있는 내내 결심한 것을 털어놓기 위해서였다. "아빠, 이제 캠프를 접어야 할 때가 온 것 같아요. 저는 제가 맘만 먹으면 세상에 안 되는 일이 없는 줄 알았는데, 때로는 사람의 힘으로 어쩔 수 없는 것도 있다는 걸 이번에 알았어요." 하면서 하염없이 눈물만 흘렸다.

그렇게 캠프를 접게 되었다. 지금 생각해보니 그 시련에는 이유가 있었던 것 같다. 살아가다 보면 일을 시작해야 할 때를 아는 것도 어렵지만, 잘되는 일을 그만둬야 할 때를 결정하는 건 더더욱 어렵다. 캠프를 그만둘 때는 어떻게 시작한 일인데 여기서 끝내야 하나, 괜히 억울한 마음마저 들었다. 그게 새로운 시작인 줄 알았더라면 그렇게 억울하지는 않았을 텐데 말이다.

하지만 뉴질랜드 스쿨캠프에서 아무 일 없이 편안하게만 잘 지냈다면, 나는 지금도 가족과 떨어져 뉴질랜드에서 캠프를 지휘하고 있었을지도 모른다. 그날의 시련이 나를 여기까지 데려다주었다고 생각하면 그저 고마울 수밖에.

# '경험'에서 아이디어를 찾아라

"뭐, 좋은 아이디어 없어?", "대박 아이템 없을까?" 사람들이 새로운 일을 벌일 때 흔히 하는 말이다. 물론 어느 날 갑자기 좋은 아이디어가 떠오를 수도 있고, 선천적으로 창의력이 뛰어난 사람들도 있을 것이다. 하지만 기발한 아이디어를 내는 데 풍부한 경험보다 좋은 기반이 되는 것은 없다.

《10미터만 더 뛰어봐》의 저자인 천호식품 김영식 회장은 자신의 교통사고 경험에서 힌트를 얻어 달팽이 사업으로 성공한 케이스다. 그는 교통사고를 당해 팔에 심한 골절상을 입었는데, 6개월이 지나도 뼈가 붙지 않아 수술까지 할 위기에 처했다. 그런데 우연히 '뼈 붙는 데는 달팽이가 최고'라는 말을 듣고 열심히 달팽이를 달여 먹었더니 기적처럼 뼈가 붙었다고 한다. 그래서 그는 달팽이를 사업화해 큰 성공을 이루었다.

이러한 일화는 먼 나라 영국에서도 볼 수 있다. 영국의 한 소년 프레이저 도허티는 열네 살 때 우연히 할머니가 만들어준 딸기잼이 맛있어서 고등학교를 자퇴하고 슈퍼잼이라는 회사를 차려 스무 살에 어엿한 기업으로 성장시켰다. 이렇듯 성공한 사람들 중에는 자신의 경험을 성공의 불씨로 살린 이들이 많다. 경험의 결과가 좋았건 나빴건 창업자의 경험에서 나온 아이디어는 사업을 이끌어가는 힘이 되고, 회사를 성장시키는 원동력이 된다.

키즈엔리딩 역시 뉴질랜드 시절의 경험에서 비롯된 것이다. 2005년 뉴질랜드 시골 마을 케리케리에서 한국 초등학생 8명을 데리고 기숙사식 스쿨캠프를 운영할 때였다. 하루는 학교의 담임 선생님이 나를 부르더니 조심스럽게 말했다. "영빈! 한국학생들은 책을 읽을 때 모르는 단어가 나오면 바로 사전을 찾는 습관이 있어서 책 한 페이지를 읽는 데 시간이 너무 많이 걸려요. 주의해주세요."

조심스러운 지적이었지만 스쿨캠프를 하면서 처음 들은 말이라 매우 당황스러웠다. 뉴질랜드 초등학교는 아이들 수준에 맞는 책을 빌려주고 집에서 읽어오라는 숙제를 자주 내주었다. 집에 오면 아이들은 각자 준비해온 사전을 찾아가며 책을 천천히 읽어내려갔다. 나 역시 영어책을 읽을 때는 항상 사전을 곁에 두고 찾는 것이 습관이 되었기에, 아이들이 책을 읽을 때 사전을 찾는 것에 대해 아무런 의심 없이 그저 뿌듯하고 대견한 눈길을 보내주었다.

그런데 혜진이라는 친구는 학교에서 빌려준 영어동화책을 사전 없이 읽었다. 나는 사전도 찾아보지 않고 영어책을 읽는 혜진이가 몹시 불안했다. 공부가 아니라 책을 설렁설렁 읽는 것처럼 보였기 때문이다. 문제는 바로 그것이었다. 나는 '영어책도 공부하듯 읽어야 한다'고 생각했던 것이다. 그래서 아이들이 사전을 찾고 영어단어를 외우면서 영어책을 읽는 데 만족해 했고, 혜진이가 사전 없이 영어책을 몇 분 만에 다 읽는 것이 내심 못마땅했다. 그러나 혜진이는 뉴질랜드의 같은 반 또래들과 이미 비슷한 수준의 책을 읽을 만큼 영어를 잘했다. 나는 한국에서 2, 3년 정도 영어학원에 다닌 아이들보다 혜진이가 유독 영어책을 잘 읽는 것은 다른 아이들보다 똑똑해서라고 생각했다. 나중에 알고 보니 한국에서 영어학원에 다닌 적도 없고 그저 엄마와 같이 영어동화책을 꾸준히 읽었다고 했다. 그것도 사전을 찾아가면서 읽은 것이 아니라 영어 테이프를 들으면서 자연스럽게 쉬운 책부터 읽었다는 것이다. 모르는 단어가 나와도 유추할 수 있으니 당연히 사전도 필요 없었을 것이다. '아! 나는 왜 미처 그런 생각을 하지 못했을까?'

책 읽을 때 사전을 찾는 한국학생들의 문제점을 지적한 뉴질랜드 선생님과 혜진이의 책 읽는 모습을 보고 나는 내 교육방식에 회의를 느끼기 시작했다. 혜진이는 책을 많이 읽은 아이답게 올바른 어휘와 문법을 구사하며 의사소통을 했고 글쓰기 실력도 현지 선생님들이 놀랄 만큼 빠르게 늘었다. 3년간 캠프를 운영하면서 '아이들은 영어 환경에만 노출되어 있으면 저절로 영어를 잘하게 된다'고 믿고 있었는데 혜진이를 통해 영어책 읽기의 효력을 알게 된 것이다.

'더 이상 수박 겉핥기식의 영어캠프가 아이들에게 어떤 의미가 있을까?' 굳이 외국까지 가지 않아도 영어를 잘하는 방법이 있는데 나는 멀리 뉴질랜드까지 와서 많은 시간과 돈을 쏟아 부은 후에야 그 사실을 깨달은 것이다. 이 사건은 내가 캠프를 접는 또 하나의 이유가 되었다.

한국에 돌아온 후 나는 그야말로 황금 같은 휴식기를 맞이했다. 긴 긴장감의 연속이던 스쿨캠프를 접고나서부터는 '영어책 읽기'고 뭐고 까맣게 잊은 채 일상의 재미에 빠져들었다. 아이가 학교에 가고 남편은 회사로 출근하면 그야말로 내 세상이었다. 남편도 마누라가 앞치마를 예쁘게 두르고 보글보글 된장찌개를 끓여놓고 기다렸다는 듯이 달려나와 반갑게 맞아주니, 회사만 끝나면 집으로 곧장 뛰어오곤 했다.

형석이는 한국에 돌아와서도 학교생활에 잘 적응했다. 방과 후에는 같은 아파트에 있는 조그마한 과학 공부방에 다니며 친구들과 어울렸다. 그 공부방을 운영하는 선생님에게는 형석이보다 한 학년 아래인 아들 광범이가 있었는데, 어느 날 갑자기 선생님이 부탁을 해왔다. '집에 영어동화책을 사놓은 게 있는데 아이가 통 거들떠보지도 않으니 혹시 시간이 되면 형석이랑 광범이에게 영어책을 읽히면 어떻겠느냐'는 제안이었다.

인생이란 알다가도 모를 일의 연속인 것 같다. 아니, 어떤 기회가 올지 아무도 모르는 것이 인생의 묘미가 아닐까. '꿀맛 같은 휴식에 취해 있던 내게, 그 선생님은 왜 그런 부탁을 했을까?' 그때의 나는 왜 캠프를 그만두었는지, 얼마나 아쉬웠는지, 놀랍게도 과거의 치열한 노력은 까맣게 잊어버린 상태였다. 하지만 나는 마다 할 이유가 없었다. 슬슬 노는 것도 지루해지고 무언가를 해야 한다는 생각은 하고 있었으니까.

'그래, 맞다. 영어책 읽기! 그걸 잊고 있었구나!' 갑자기 심장이 쿵쾅쿵쾅 뛰었다. '그래! 이왕에 하는 것 제대로 해보자!' 돈을 받는 것도 아니었지만, 두 아이들을 어떻게 가르칠지 철저히 계획을 짜기 시작했다. 월요일부터 금요일까지 매일 한 시간씩 같은 시간에 아이들에게 영어 테이프를 들려주며 영어책을 읽게 했고, 읽은 방법과 읽은 권수, 아이들이 좋아하는 책, 단계 등을 분류해 표로 만들어 관리했다. 아이들은 집에 있는 책을 무섭게 다 읽어버린 후 어느덧 높은 단계의 책도 낄낄대며 읽기 시작했다. 같은 자리에서 꾸준히 책을 읽은 결과 집중력과 지구력도 눈에 띄게 좋아졌다. 그랬다. 뉴질랜드에서 혜진이가 영어학원을 오래 다닌 아이들보다 훨씬 영어를 잘했던 이유가 바로 이것이었다. 영어단어, 숙어를 외우고 문법을 익히는 것보다 영어를 빠르고 쉽게 배우는 방법은 책 읽기를 통한 접근이었다. 재미있는 영어책을 골라주니 아이들은 거짓말처럼 책 읽는 시간을 손꼽아 기다릴 정도였다. 두 아이를 가르친 경험은 훗날 키즈엔리딩을 만드는 자양분이 되어주었을 뿐 아니라, 아이들을 지도하는 법과 좋은 책을 보는 눈을 선사해주었다.

## 세상에서 제일 작은 영어도서관

누군가 '세상은 저지르는 자의 몫'이라 했던가. 1년간 두 아이에게 영어책을 읽히며 영어책 읽기에 대한 깨달음(?)과 자신감을 얻은 나는, 집에 영어도서관을 차려보고 싶다는 허무맹랑하면서도 원대한 계획을 세웠다. 뉴질랜드 도서관처럼 아이들이 큰 쿠션을 베고 드러누워 책을 읽을 편안한 장소와 영어책만 있다면 꼭 번듯한 건물에 들어선 학원이 아니어도 될 것 같았다. 형석이와 광범이에게 했던 그대로 아이들을 가르친다면, 우리나라 영어교육에 변화를 일으킬 자신이 있었다. 내가 어릴 때 했던 영어공부처럼 힘들게 공부하지 않아도 영어를 한글처럼 술술 재미있게 읽을 수 있는 방법이 얼마든지 있다는 것을 알려주고 싶었다. 초등학교 졸업 전에 챕터북(어느 정도 영어를 읽을 줄 아는 아이들이 해리포터, 마틸다 등의 소설책으로 넘어가기 전에 징검다리처럼 읽는 책) 수준 이상의 책을 읽고 이해할 수 있다면, 중고등학교에 들어가서 영어를 배우는 건 문제도 아니었다.

정작 큰 문제는 다른 데 있었다. 바로 남편이었다. 집안일에 적응하며 잠잠한가 싶더니 또 다시 일을 벌인다고 반대할 게 분명했다. 게다가 같은 공간을 쓰는 가족의 입장에서 보면 집에서 무언가를 한다는 것이 이해하기 어려울 것 같았다. 남편을 설득시킬 방법은 비겁하지만 금전적인 얘기로 희망을 주는 거였다.

"우리 집에 있는 영어책하고 비디오테이프를 동네 아이들에게 빌려주면 어떨까? 어떤 책을 어떻게 읽어야 할지 알고 싶어 하는 아이들에게 방법도 알려주고. 한 달에 10명씩 5만 원만 받아도 50만 원은 거뜬히 벌 수 있지 않을까? 어때, 대단한 생각 아냐?"

나는 며칠을 고민한 끝에 피곤에 지쳐 자려는 남편을 앉혀놓고 이야기를 꺼냈다.

그러자 그는 "뭐라고? 그게 상식적으로 말이 된다고 생각해? 5만 원이면 차라리 영어책을 사서 보게 하지. 그 돈 내고 여기까지 와서 책을 빌려볼 사람이 몇 명이나 되겠어. 영어도서관? 집에서 책 빌려주는 게 무슨 영어도서관이야? 그런 걸 사업자등록으로 받아준다는 말 들어봤어? 잘못하다가 걸리면 어떻게 되는지 알기나 해? 그냥 조용히 살아. 대체 뭘 또 하려는 거야?" 하면서 휙 방으로 들어가버렸다.

내 딴엔 몇날 며칠을 고민하고 궁리해서 꺼낸 말인데, 졸지에 세상 물정 모르는 철없는 사고뭉치 취급을 받다니. 아무 일 없다는 듯 코를 골며 잠을 자는 남편이 너무도 야속해 눈물까지 났다. '아, 내 인생은 여기까지일까?' 정말 잘할 자신이 있었지만 너무도 강경한 남편의 반응에, '그래, 괜한 돈 들이지 말고 얌전히 집에나 있자!'며 계획을 접었다.

그러던 어느 날 광범 엄마가 급하게 전화를 걸어왔다. "형석 엄마, 아파트 바로 앞 상가에 자리가 났대. 보증금 2000만 원에 월세 50만 원이면 된대. 지난번 말한 영어도서관인지 뭔지 한번 해보면 어때? 자기가 하면 정말 잘할 것 같아." 이 말을 듣는 순간 내 가슴은 또 다시 요동치기 시작했다.

'그래 맞아. 이게 내 길이야. 난 될 것 같아. 할 수 있어!'

그리고 그날 밤 또 늦게 들어온 남편에게 선전포고를 했다.

"나 드디어 결심했어. 말려도 소용없어. 영어도서관 할 거야! 집이 안 된다면 상가에라도 차릴래."

사실 나는 상가에 무언가를 차릴 배짱도 돈도 없었다. 하지만 한 술 더 떠서 집도 아닌 상가에 영어도서관을 차리겠다는 나의 선언에 남편은 크게 놀란 눈치였다. 가만히 침묵을 지키더니 잠시 후, "그래 해봐. 단 처음이니 집에서 해봐. 집에서 해보고 가능성이 있으면 그때 상가에 여는 걸로 하자."며 잠정적으로 찬성해주었다.

그리고는 며칠 뒤 광범 엄마가 아파트 게시판에 과학 공부방 전단지를 붙인다기에, 전단지의 빈 곳에 '영어도서관 오픈! 영어동화책 무제한 대여'라고 쓴 포스트잇을 붙였다. 과학 공부방 전단지 한 쪽을 빌려 광고를 시작한 것이다. 엄밀히 말하자면 집에서 책을 읽고 빌려주니 공부방이다. 하지만 나는 당시에는 왠지 공부방, 과외방이라는 말이 촌스럽게 느껴졌다. 아이들이 "엄마 저 공부방에 다녀올게요!" 혹은 "저 과외 갔다가 올게요!"라는 말 대신 더 멋진 말을 하게 할 수 없을까 고민하다, 결국 교육청에는 신고도 되지 않은 '영어도서관'이라는 이름으로 공부방을 시작했다.

아파트 거실 책장에 영어동화책 100권과 비디오테이프 50개를 꽂고 나니 겨우 책장 두 칸을 채울 정도여서 도서관이라고 하기에는 초라해 보였다. 하지만 자칭 영어도서관의 관장이 되어 고객 맞을 준비를 하니 세상에 부러울 것이 없었다. '집을 방문하는 어린 친구들에게 친절하게 책만 빌려주면 되니 세상에 이렇게 좋은 직장이 또 있을까?' 하며 스스로를 대견해 했다.

가까운 곳에 영어도서관이 생겼다는 소식을 가장 반긴 것은 뭐니뭐니 해도 엄마 고객들이었다. 그러나 그들은 고작 책장 두 칸 분량의 영어동화책과 과연 재생될지 의문스러운 허름한 비디오테이프를 보고는 야멸차게 돌아섰다. 몇 번만 빌리면 다 읽을 정도의 책을 갖고 '무한 대여'라는 말을 쓴다는 따끔한 지적과 함께.

그래도 한 달에 5만 원만 내면 읽고 싶은 만큼 얼마든지 책을 빌릴 수 있다는 광고가 효과가 있었는지, 고객들이 한두 명씩 늘어나기 시작했다. 그러나 그 또한 오래 가지 않았다. 처음 등록한 아이들이 한 번에 10권 넘게 책을 빌려가는 바람에 며칠 만에 대여할 책이 바닥나고 만 것이다. 이때 소중한 고객 두 명의 이탈을 방지하기 위해 급하게 새로운 서비스를 준비했는데, 바로 우리 집에 영어책 읽을 특별한 공간을 마련하는 것이었다. 처음에는 좁은 거실에 다 앉히기가 어려워서 베란다 바닥에 비닐 매트를 깔고 기댈 수 있는 쿠션을 가져다놓았다. 좁고 어두침침한 베란다에서 책을 읽히는 게 내심 미안했는데, 아이들은 도리어 아늑한 분위기가 집중이 잘된다며 책을 더 많이 읽기 시작했다.

그러자 신기한 일이 벌어졌다. 아이들이 영도(영어도서관의 줄임말)만 가면 책을 잘 읽는다는 소문이 온 동네에 퍼져 대기자를 받아야 할 만큼 회원 수가 늘어난 것이다. 더 넓은 곳으로 이사를 가야 할 정도였다. 전에는 "거기 아이들 영어책 빌려주는 곳이죠?"라는 문의전화가 걸려왔는데 나중에는 "거기, 영어도서관이죠?"라는 전화가 걸려오기 시작했다. 더 이상 단순한 공부방이 아니라 진짜 영어도서관으로 당당히 자리 잡은 것이다.

2006년 1월 2일에 문을 연 우리 집 영어도서관은 딱 1년 만에 동네의 명물이 되어버렸다. "그게 되겠어? 상식적으로 그게 말이 된다고 생각해? 사람들이 당신처럼 전부 호락호락한 줄 알아?" 하고 펄쩍 뛰며 용기를 꺾어버린 남편이 내 일에 관심을 갖고 도와주는 것을 보며 내 생각이 틀리지 않았음을 다시 한 번 확신했다. 더불어 영어를 지겨워하던 아이들이 영어에 재미를 붙이는 걸 보면서, 영어책을 한글처럼 술술 읽는 것을 보면서 마음속에 걷잡을 수 없는 자신감이 피어오르기 시작했다.

### 시련에는 반드시 이유가 있다

2010년, 키즈엔리딩을 오픈하고 4년째 접어드는 날이었다. 살고 있던 아파트대표자회의로부터 갑자기 내용증명서 한 통이 날아왔다. 더 이상 아파트에서 공부방을 하지 말라는 일방적인 통보였다. 정해진 기일까지 그만두지 않으면 고발당하거나, 대표자회의에서 정한 과태료를 납부해야 한다는 내용이었다. 나는 정식으로 개인과외교습자라고 신고했고 사업자등록증도 냈는데 뭘 신고하겠다는 건지 도무지 영문을 알 수가 없었다. 4년간 살면서 한 번도 이런 일이 없었는데, 아무런 설명도 없이 공부방은 안 된다며 무조건 나가라니 너무 답답하고 억울했다.

억울한 마음을 간신히 억누르고 있는데, 아들 형석이가 헐레벌떡 뛰어오더니 이렇게 물었다. "엄마, 제 친구가 그러는데 우리 이사 가요? 왜 우리가 갑자기 이사를 가요?" 동대표 아들이었던 형석이 친구가 학교에서 만난 형석이에게 너의 집이 이사를 가게 될 거라고 말한 것이다. 나도 모르는 이사계획을 아파트대표자회의에서 결정하다니 어이가 없어 화조차 나지 않았다.

비슷한 내용의 내용증명이 계속 날아들면서는 제대로 잠도 자지 못하고, 낮에는 분한 마음에 부들부들 떨려 아이들을 가르치기조차 힘들 정도였다. 엎친 데 덮친 격으로 단속을 나왔다며 서부교육청에서 들이닥쳤다. 당시 나를 도와주던 선생님 한 분이 계셨는데 그게 불법이라며 신고가 들어왔다는 것이다. 공부방은 법규상 개인과외교습자에 해당되기에 원칙적으로 원장만 아이들을 가르칠 수 있다. 누군가가 학부모인 척하고 우리 공부방을 촬영해 교육청에 신고한 것이다. 며칠 후 마포경찰서에서 출두 통지서가 날아왔다. 이제껏 살면서 경찰서에 피의자 신분으로 가게 되리라고는 꿈에도 생각지 못했기에, 통지서를 보면서도 실감이 나지 않았다.

하지만 이런 생각이 들었다. 내가 과연 그렇게 나쁜 짓을 한 걸까? 단연코 아니었다. 학생들을 과하게 늘릴 욕심으로 선생님을 쓴 것도 아니고, 아이들에게 좀 더 신경을 쓰고 싶었을 뿐이다. 그게 그렇게 잘못한 일일까? 나는 내 생각을 또박또박 형사에게 말하기 시작했다.

"저는 제가 무엇을 잘못했는지 모르겠습니다. 제가 법을 어긴 건 잘못한 일이지만, 바꿔 생각해보면 요즘 청년실업이 얼마나 심각합니까? 공부방에서 이런 일자리를 만들면 청년실업 해소에 많은 도움을 줄 수 있습니다. 공부방을 스스로 차릴 능력이 없는 젊은이들이 저희 같은 공부방에 와서 아르바이트를 하는 것인데 왜 굳이 못하게 하는 걸까요? 국가에서는 경기부양책이니 청년실업 해소니 하면서, 왜 정작 소규모 공부방에서 선생님 한 명 쓰는 것 때문에 이렇게 바쁜 형사님의 시간을 허비하게 할까요?"

형사도 나의 주장에 고개를 끄덕거렸지만, 결국에는 법으로 정해진 일이니 어쩔 수 없다는 말만 되풀이했다. 나는 다음과 같은 말로 조서를 끝마친 후에 경찰서를 나왔다.

'대한민국이 열심히 살고자 하는 소시민들에게 진정으로 도움이 되는 법을 만들어 누구나 원하는 일을 할 수 있는 대한민국이 되기를 간절히 바란다.' 그 사건은 선생님을 고용한 지 얼마 되지 않으니 앞으로는 주의하라는 판결을 받고 기소유예로 처리되었다.

나는 집으로 돌아와 왜 나에게 이런 일이 생겼는지를 곰곰이 생각해보았다. 그때 내가 뉴질랜드에서 모든 걸 포기하고 한국으로 돌아올까 고민하던 순간이 떠올랐다. '그래 이유가 있을 거야. 하나님이 나에게 이걸 그만두라고 하실 리 없어. 그렇다면 분명 다른 길이 있겠지.'

차분하게 마음을 가다듬고 나니 생각이 하나둘씩 정리되기 시작했다. '그래 이사를 가자! 이번 기회에 집과 공부방을 분리해보자.'

'키즈엔리딩에 오는 아이들에게는 좀 더 편안하고 자유롭게 드나들 수 있는 멋진 분위기의 공부방을, 우리 가족에게는 편안한 집을 선물하자!' 이렇게 마음 먹고 나니 한결 마음이 가벼워지더니 오히려 기분이 날아갈 듯 좋아지기 시작했다. 좋은 징조였다.

좋은 징조는 거기서 끝나지 않았다. 공부방을 열 새로운 장소를 물색하러 근처 초등학교 앞을 돌고 있는데, 때마침 하교시간이었던 터라 많은 아이들이 쏟아져 나오고 있었다. 그런데 웬일인지 그동안은 눈에도 띄지 않던 집 하나가 많은 아이들 틈에서 또렷하게 눈에 들어왔다. 1층은 음식점이고 2층은 가정집인 건물이었는데, 외관도 예쁜 데다 학교 정문 바로 옆이라 위치도 좋았다. '그래 바로 이 집이야!' 두근두근 가슴이 뛰기 시작했다.

공부방은 건축물대장에 주택으로 지정되어 있어야 인가가 나기 때문에 반드시 주택이어야 했는데, 이 집의 경우 아래는 상가이고 위층은 주택이어서 조건에 딱 들어맞았다. '아! 이런 집이면 정말 좋겠다. 학교 끝나고 키즈엔리딩에서 영어책 읽고 집에 가면 얼마나 좋을까? 따로 홍보할 필요도 없고.'

그 집에 현재 누가 살고 있는지, 누가 주인인지, 세입자가 살고 있다면 계약이 얼마나 남았는지 아는 건 아무것도 없었다. 다만 저 집에 멋진 공부방을 꾸미고 싶다는 생각밖에. 얼마나 그 집을 얻고 싶었던지 새벽에 일어나서 집 주변에 서 있다가 오고, 저녁에 일을 마치고 산책삼아 들리기도 했다. 몇 번을 다시 가봐도 내 생각에는 변함이 없었기에 직접 벨을 눌러볼까 여러 차례 고민하다 무작정 가장 가까운 부동산에 들어갔다.

"저… 저 집이 정말 필요한데요. 좀 구해주실 수 없을까요?"

부동산 중개인은 매물로 나와 있지도 않은 집을 구해달라니, 별 희한한 여자가 다 있다는 얼굴로 나를 쳐다보았다. 하지만 나는 아랑곳하지 않고 조그만 가능성이라도 생기면 꼭 연락해 달라고 사정을 설명하고는 부동산을 나왔다.

그런데 설마설마 하면서 며칠을 맘 졸이며 기다리던 내게 드디어 전화가 걸려왔다. 부동산 실장님의 끈질긴 설득에 집 주인의 마음이 돌아선 것이다. 마침내 키즈엔리딩은 간절히 원하던 새로운 보금자리를 찾게 되었다.

살다 보면 마술 같은 일이 펼쳐진다. 덧붙이자면 모든 시련에는 이유가 있다. 단언컨대 시련에 이유가 있다고 깨닫는 순간, 마술처럼 준비된 기회가 오게 되어 있다. 시련이 닥쳤을 때 무섭다, 겁난다고 울지만 말고, 하늘에게 내게 알려주고 싶은 것이 무엇인지 물어보라고 권하고 싶다. 시련의 이유를 알아내려는 노력은 우리를 성장하게 만들 것이다. 그러한 의미에서 시련이야말로 하늘이 준비한 가장 멋진 선물이 아닐까.

# 공부방 창업, 이것만은 알고 시작하자!

## 1. 공부방에 필요한 자격이 있나요?

개인과외교습자인 공부방은 특별한 자격증은 필요 없다. 다만 개인과외교습자의 범주에 들어가기에 1인교사 체제여야 한다. 학생이 많다고 다른 교사를 고용하는 것도 불법이다. 단 같이 거주하는 친족은 예외다. 그래서 공부방 중에는 부부나 자매가 운영하는 곳도 있다.

시작 전에는 반드시 주민등록상 거주지 관할 교육청에 최종학력 졸업증명서와 사진(3×4) 2매를 제출, 신고해야 한다. 신청서에는 교습자의 인적사항과 교습과목, 교습장소, 교습비 등을 기재하면 된다. 교육장소는 아파트와 빌라, 주택에서는 가능하지만 오피스텔에서는 불가능하다는 점을 기억하자.

## 2. 공부방도 사업자등록을 해야 하나요?

그렇다. 주민등록증과 교육청 신고필증과 신청서를 구비한 후, 관할 세무서에 신고하면 된다. 공부방은 면세사업자에 해당되며 매년 1월 사업자 현황신고를 해야 한다. 이 신고를 근거로 5월에 종합소득세를 신고할 의무가 발생한다. 사업자등록증이 있어야 신용카드로 교육비를 받을 수 있으며 현금영수증 발급도 가능하다. 이와 동시에 세대주와는 별개로 국민연금과 의료보험을 납부할 의무가 생긴다.

## 3. 공부방 시간표는 어떻게 짜야 하나요?

공부방 시간표는 '주 몇 회, 몇 시간을 책정할 것인가?'를 토대로 구체적인 계획을 세워야 한다. 키즈엔리딩에서 맡고 있는 초등학교 영어교육의 경우 주3회(월수금), 1시간~1시간 반 수업이 가장 인기가 좋다. 이 정도가 규칙적인 공부습관을 기르는 데도 도움이 되고, 다른 과목 공부도 병행할 수 있기 때문이다. 화목반의 경우 금요일부터 다음 수업이 있는 화요일까지 다소 시간상 거리가 있기에 습관을 키우기엔 적합하지 못하나, 이미 공부습관이 잡혀 있거나 다른 과목의 부담이 많은 경우에는 수업시간을 늘리는 방법 (2시간~2시간 반)으로 커버할 수 있다. 토요 휴무가 일반화되면서 화목토반도 늘어나고 있지만, 중고생을 제외한 초등학생은 현장학습이나 가족여행을 가는 학생들이 많기에 스케줄을 맞추기가 쉽지 않다. 따라서 처음 공부방을 오픈할 때는 먼저 월수금 주3회반을 시간대별로 개설한 후, 그 반이 다채워지면 화목반을 개설하는 게 바람직하다.

아울러 개인 수준별 코칭과 그룹별 수업을 적절히 병행하는 시간표를 짜야 학생의 학습 및 성적 향상에 효과적이다.

## 4. 공부방 창업 시 필요한 물품은 무엇일까요?

공부방이야말로 아이들을 가르칠 능력만 있으면 책상 하나와 칠판만 있어도 될 만큼, 초기 창업비용이 적게 드는 사업 중 하나다. 게다가 집에 있는 기존의 가구와 자재를 이용한다면 더욱 비용을 절감할 수 있다. 기본적으로 갖춰야 하는 물품은 책상과 의자, 칠판, 컴퓨터, 프린터, 게시판 등이며 지도하는 과목의 프로그램에 따라 얼마든지 다양해질 수 있다.

키즈엔리딩처럼 리딩코칭을 기반으로 하는 영어 공부방의 경우 책장과 CD 플레이어, 헤드셋, 컴퓨터 대여 프로그램, 스캐너, 개인 포트폴리오를 위한 독서기록장, 그리고 가장 중요한 영어책과 CD를 준비해야 한다.

## 5. 공부방에 가장 적합한 입지조건은 무엇일까요?

일반적으로 공동주택, 즉 2천 세대 이상의 아파트가 바람직하다. 학교는 입소문의 격전지라 할 수 있기에, 주변에 반드시 학교 한두 곳은 있어야 한다. 두 가지 조건과 아이들을 잘 지도할 능력만 갖추면 광고하지 말라고 부탁해도 주위에 소문이 나는 건 시간문제다.

그러나 아파트는 주민들과의 분쟁을 피할 수 없다는 단점도 있다. 학생수가 적을 때는 괜찮지만, 학생들이 늘면 이웃에서 민원이 들어오기도 한다. 공부방을 열기 전에 주민 동의서를 미리 받아놓는 것도 좋은 방법이다.

한편 공부방이라 하면 보통 아파트 일층을 선호하는데, 그중에서도 가장 좋은 것은 필로티가 있는 이층 같은 일층이다. 일층이 빈 공간이어서 층간 소음으로 아래층과 분쟁이 날 일도 없고, 엘리베이터를 끼고 있는 아파트 일층보다 주민의 왕래가 드물기 때문이다. 아파트와 함께 추천하고 싶은 입지는 초등학교 부근의 단독주택이다. 자신의 집에 현수막을 달면 자연스레 홍보가 될 뿐 아니라 주민들의 눈치를 보지 않아도 되니, 마음 편하게 공부방을 운영할 수 있다. 하지만 아파트에 비해 주차공간 확보가 어려운 것이 단점이다.

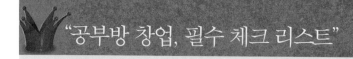
### □ 경력이나 학력, 얼마나 중요한가?

학원강사나 학습지 교사, 과외 등의 경력이 있다면 상대적으로 유리한 건 사실이다. 하지만 경험이 없어도 아이들 가르치는 것을 좋아하고 학부모를 잘 응대하는 성격이라면 누구나 도전해볼 수 있다. 학력이나 학벌을 따지는 건 아니지만, 4년제 대학은 졸업하는 것이 바람직하다.

### □ 어떤 유형의 공부방을 택할 것인가?

공부방의 유형은 프랜차이즈와 개인 브랜드로 나뉜다. 프랜차이즈의 경우 교재나 학습관리, 홍보 등에서 본사의 지원을 받을 수 있고, 인지도를 통한 회원 모입도 용이하다. 다만 가맹비나 수수료 등의 비용이 추가로 들어간다. 개인 공부방은 인지도도 낮고 홍보나 세금 등 원장이 신경 써야 할 부분이 많지만, 회비나 교육 프로그램, 교재 선택 등이 상대적으로 자유롭다.

### □ 어떤 과목을, 누구를 가르칠 것인가?

초등학생을 대상으로 한 공부방이 가장 보편적이다. 원장직강이기 때문에 자신이 가장 잘할 수 있는 것을 가르치는 게 관건이다. 전 과목을 가르치는 공부방, 영어, 수학, 예체능 등 다양한 분야의 공부방이 있다.

### □ 꼭 '집'에서 시작해야 하나?

대부분 집에서 시작하지만 간혹 다른 장소를 얻기도 한다. 단 앞에서도 말했다시피 상가 건물이나 오피스텔은 불법이다. 집에 열 경우 가족들의 협조와 양해가 절대적으로 중요하다.

# 2장

# 공부방,
# 어떻게
# 가르칠까?

공부방은 원장 선생님 혼자 아이들을 가르칠 수밖에 없기 때문에, 자연히 엄마표 교육처럼 서로 눈을 맞추며 호흡하고 아이들과 소통하는 것이 강점이다. 나는 키즈엔리딩을 운영하면서 공부방만의 경쟁력을 살려 아이들을 효과적으로 가르치는 법을 터득하게 되었다. 코칭과 티칭을 적절히 배분한 지도는 소규모 공부방의 또 다른 장점일 것이다.

# 천국 같은 영어도서관에 도전하다

이미 뉴질랜드에서 아이들에게 책 읽기를 지도한 경험이 있는 데다, 한국에 돌아와 두 아이에게 1년간 독서를 지도하면서 나는 자신감이 충만해질 대로 충만해진 상태였다. 2006년 1월 2일, 자신감에 약간의 배짱을 더해 드디어 우리 집 거실에 영어도서관을 차렸다. 오픈해서 얼마간은 아이들에게 영어테이프를 들려주면서 책을 읽게만 했다. 다른 영어학원은 숙제도 많고 시험도 보고 단어도 외우게 하는데, 이 영어도서관에서는 앉아서 책만 읽으면 된다니 아이들은 거의 기뻐 날뛰는 수준이었다.

책을 읽는 자리도 최대한 신경을 써서 편안하게 만들어주었다. 애초에 아이들 책상을 놓을 자리도 없긴 했지만, 거실 바닥에 방석을 깔고

등을 기댈 수 있는 푹신한 쿠션을 놓아주니 아이들은 집처럼 편안해하며 집중해서 책을 읽기 시작했다.

처음 키즈엔리딩을 방문하는 부모님 중에는 이렇게 편안한(?) 분위기에서 아이들이 어떻게 책을 제대로 읽겠느냐며 걱정하시는 분들도 적지 않다. 하지만 아이들이 편안하고 즐거운 분위기에서 책을 읽으면 얼마나 효과적인지는 이미 과학적으로도 증명된 바 있다.

요즘이야 우리나라 도서관도 많이 변했지만 처음 뉴질랜드에 갔을 때 그야말로 동화에나 나올 법한 쉼터처럼 꾸며진 도서관을 보고 놀랐던 기억이 생생하다. 도서관 하면 떠오르는 딱딱한 의자나 조용하다 못해 지나치게 엄숙한 분위기와는 전혀 거리가 먼, 놀이터에 가까운 분위기였기 때문이다. 영어를 좋아하지 않던 아이들도 도서관 여기저기에 놓인 쿠션에 아무렇지 않게 기대앉거나 누워서 즐겁게 책을 읽던 모습을 떠올려보니, 공부방을 어떠한 환경으로 만들어야 할지에 대한 실마리를 찾을 수 있었다.

사실 영어책을 잘 읽는 첫 번째 조건은 아이의 영어실력이 아니라, 아이의 기분이다. 인간의 감정의 뇌 가까이에는 동기유발의 뇌(전두엽)와 기억의 뇌인 해마가 붙어 있어서, 기분이 좋은 상태에서 책을 읽으면 전두엽을 자극할 뿐 아니라 기억력까지 좋아져 책을 읽은 효과가 훨씬 높아진다고 한다.

그래서 나는 아이들이 키즈엔리딩에 들어오면, 마치 군대 간 아들이 첫 휴가를 나온 것처럼 반갑게 맞이한다. 그것이야말로 책을 읽으러

온 아이들의 뇌를 활성화시킬 수 있는 가장 쉽고 빠른 방법이라 믿기 때문이다. 그래서인지 키즈엔리딩에 다니는 아이들은 유독 책을 많이 읽는 편이다. 초등학교를 졸업할 때까지 보통 3,000권 정도 읽는데 심지어 많게는 9,000권까지 읽는 아이도 있다. 그 친구는 《해리포터》를 끝까지 읽고 졸업을 했다. 누가 시키지도 않았는데 스스로 재미있어서 그렇게 많은 책을 읽은 것이다. 그것도 영어책을.

《읽기 혁명The Power of Reading》의 저자이자 외국어 습득 이론의 창시자인 스티브 크라센 교수는 수십 년 동안의 연구를 통해 책 읽기의 힘을 밝혀냈다. 그의 연구에 의하면 외국어를 배우든 모국어를 배우든 언어를 습득하는 가장 좋은 방법은 읽고 싶은 책을 마음껏 읽는 것이라고 한다. 오죽하면 영어책 읽기야말로 영어를 배우는 최고의 방법이 아니라 유일한 방법이라고 말했을까. 나 역시 아이들에게 책을 읽히면서 그것을 직접 실감하게 되었다.

그중에서도 다독의 효과는 엄청나다. 우선 다독은 많은 단어를 접하게 한다. 교과서에서는 배울 수 없는 수천 개의 단어와 어휘구조 패턴을 익힐 수 있을 뿐 아니라, 문맥을 통해 문법을 자연스럽게 습득하게 된다. 이론으로 배웠던 문법이 실제 어떻게 쓰이는지 눈으로 보며 이해하는 것이다. 또한 다독은 읽는 속도와 유창성을 향상시킨다. 책 읽는 속도가 뭐 그리 중요하냐고 할지 모르지만, 읽는 속도는 아이들이 언어를 이해하는 능력과 직결되기에 예사롭게 넘길 수 없다(한국영어다독협회 참조).

## 많이 읽는 것이 정답은 아니다

하지만 모든 일이 이론처럼 된다면 얼마나 좋을까. 문제는 '다독이 모든 아이들에게 효과적이지만은 않다'는 것이다. 같은 시간 동안 책을 읽어도 아이들에 따라 효과는 천차만별이다. 초등학교 이전에 한글책을 충분히 읽은 아이와 그렇지 않은 아이를 비교해보면 똑같이 책을 읽어도 발전속도에서 차이를 보인다. 이미 한글책을 많이 읽은 아이는 배경지식과 표현력, 집중력, 단어 유추능력, 추론능력 등이 뛰어나서 단어를 잘 몰라도 상대적으로 빨리 영어책을 이해한다. 어휘나 문법 등을 따로 배우지 않아도, 사전을 일일이 찾지 않아도 레벨이 높은 책을 읽는 데 무리가 없는 것이다.

얼마 전 마포평생학습관에서 우연히 만난 1기 졸업생 광범이가 그러한 케이스다. 학교생활은 어떤지 물어보니 벌써 고등학교 1학년이 되어 키도 덩치도 산만 한 녀석이 나를 끌어안으며 "선생님, 제가 선생님 덕분에 영어를 학교에서 제일 잘하는 아이가 되었어요. 리스닝을 다 맞는 건 기본이고, 독해나 문법도 아이들이 부러워할 정도예요. 친구들이 영어를 그렇게 잘하는 비결이 뭐냐고 물어보면, 독하게 맘먹고 4년만 영어책을 읽으라고 말해줘요." 하는 것이다. 나는 속으로 너무 감격스러워서 눈물이 날 뻔했다.

광범이 말에 의하면 1기에 졸업한 친구들이 모두 전교에서 공부 잘하기로 손꼽힌다고 했다. 나는 속으로 '그래, 그렇게 책을 읽었으니 당연하지! 책을 읽으면 머리도 좋아지고 집중력도 지구력도 좋아지는데 그걸 4년이나 했으니!' 하고 어깨가 으쓱해졌다. 한글책이건 영어책이건 독서는 아이들의 전반적인 학습능력을 향상시키기에 키즈엔리딩을 졸업한 아이들은 공부를 잘한다는 소문이 났다.

그렇다고 모든 아이들이 광범이 같은 것은 아니다. 광범이는 특별히 다른 공부를 하지 않고 4년간 책만 읽었지만, 그럼에도 대학교수가 인정할 정도로 영어실력이 뛰어나다. 그런 아이들은 전체의 3% 미만에 불과하다.

하지만 나도 처음에는 모든 아이들이 다 그런 줄 알고 시행착오를 겪은 적이 있다. 어느 날 공부방에 잘 다니고 있는 아이의 어머님이 찾아오셨다.

"우리 아이가 다른 곳에서 영어 테스트를 봤는데 점수가 너무 낮게 나왔어요. 열심히 해주신 건 알지만 다른 곳을 알아봐야겠네요."

3학년짜리 남자아이의 엄마였다. 책도 좋아하고 성실해서 내가 아주 좋아하는 학생이었는데, 엄마가 유명 영어학원에서 테스트를 보고 결과가 좋지 않자 나를 찾아온 것이다. 너무 속이 상했다. 테스트 한 번으로 3학년 아이의 영어실력을 판단한다는 것 자체가 옳지 않다고 믿었기 때문이다. 하지만 내게도 잘못은 있었다. 6개월이 지나도록 아이가 열심히 책을 읽는 자세만 칭찬했지 실력이 늘지 않고 있음을 간과한 내 자신에게 화가 났다.

'다른 친구들과 똑같이, 아니 더 많은 시간을 다독에 투자했는데 왜 아무런 효과가 없는 걸까?' 그때부터였다. 나는 영어도서관에 오는 모든 아이들을 한글 독서능력, 지적 학습능력, 학습의지, 사회적 환경 등에 따라 분류하기 시작했다. 그러는 과정에서 무조건 영어책을 많이 읽는다고 좋은 결과를 낳는 게 아님을 알게 되었다. 한글책을 많이 읽지 않았거나 학습능력이 부족한 친구들은 단어 뜻을 찾는 것부터 문장 구조를 파악하는 것, 읽고 쓰기를 되풀이하는 것까지 다양한 학습적인 보완과 연습이 필요했다.

아이들을 가르치면서 나 나름대로의 원칙을 하나하나 깨닫는 날이면, 가슴이 두근거려 잠을 이루지 못했다. '내일 아이들이 오면 바로 해봐야지.' 어떤 효과가 나타날지 궁금한 마음에 아이들이 오기만을 기다렸다가 곧장 적용해보았다. 효과가 좋았던 것은 다음날로 키즈엔리딩만의 프로그램이 되었고, 아이들이 좋아하지 않거나 효과가 없는 것은 과감하게 지워버렸다.

고민해서 터득한 방법을 실제 아이들에게 적용해 성과를 내고 프로그램으로 만들기까지는 오랜 시간이 걸렸다. 하지만 지난 8년 동안 '어떻게 하면 아이들이 영어책을 재미있게 읽을 수 있을까?'라는 한 가지 목표를 향해 끊임없이 노력하고 고민한 끝에, 아이들의 개인성향에 맞춰 효과적으로 책을 읽게 하는 일대일 리딩 멘토링 프로그램을 만들어 낼 수 있었다. 그 밖에 문법을 재미있는 스토리로 구성해 아이들이 영어문법 시간을 즐기게 만드는 등, 책을 읽고 싶은 마음을 심어주는 데 역점을 두니 아이들은 점점 키즈엔리딩을 '공부하는 곳'이 아니라 '즐거운 곳'으로 받아들이기 시작했다.

# 영어가 공부라는 생각부터 버려라

　아이들을 키워본 부모라면 아이들이 한 곳에 가만히 앉아 있는 것이 얼마나 어려운지를 굳이 말하지 않아도 잘 알고 있을 것이다.

　"아이들이 정말 40~50분 동안 집중해서 책을 읽나요? 어떻게 가만히 앉아 있어요? 믿기지 않아요!" 키즈엔리딩을 처음 찾은 학부모, 심지어 선생님들조차 하나같이 이런 반응을 보인다. 게다가 한글책도 아니고 읽기도 힘든 영어책을 오랜 시간 가만히 앉아서 읽는다니 믿기 힘들 수밖에. 요즘에는 스마트폰이니 게임기니 아이들이 시간을 보낼 '거리'가 워낙 많기에 영어책에 재미를 붙이는 게 믿기지 않는 것도 당연하다. 그런데 실제 아이들 10명 중 9명은 영어책을 읽고 난 후 한결같이 재미있다는 반응을 보인다. 책상 앞에 앉아 귀로는 CD 플레이어에서 흘러나오는 소리를 듣고 눈으로는 꼬부랑 글씨(Reading with Listening)를 따라가며 읽는 것에 전혀 거부감이 없는 것이다.

초창기에는 나도 그런 친구들이 이해가 되지 않았다. 그래서 처음 책을 읽고 간 아이 엄마에게 전화를 걸어 물어보곤 했다. "아이가 오늘 어땠대요?" 하고 물으면, 놀랍게도 "진짜 재미있다며 빨리 다니고 싶다는 말을 했다."는 답이 돌아왔다. 언젠가는 신기한 나머지 "아이가 정말 그랬어요? 여기서는 그냥 책을 읽고만 갔는데 정말 재미있대요?"라고 되물은 적도 있다.

아이들이 애초 책을 좋아하게끔 태어난 건지 알 수는 없으나, 어른들보다는 영어책을 훨씬 참을성 있게 읽는 편이다. 나 역시 영어를 '학습'으로 배운 세대라 《해리포터》처럼 재미있는 책을 펼쳐도 10분도 되지 않아 슬슬 졸음이 밀려온다. 스토리가 재미있긴 해도 나름 난이도가 있는 책이기 때문에 읽다 보면 잠이 올 때가 있다. 때로는 '한글책으로 읽어도 졸릴 판에 영어책이라니!'라는 생각도 든다. 30분이고 40분이고 그 자리에 가만히 앉아 책을 읽는 아이들을 보면, 원래 모든 인간은 책을 좋아하는 인자를 갖고 태어났는데 어른이 될수록 자극적인 것에 물들면서 그러한 인자가 퇴화되는 건 아닌지 의심스러울 정도다.

게다가 요즘엔 아이들에게 영어책을 읽히는 일이 점점 수월해지고 있다. 독서의 중요성을 이미 알고 있는 젊은 엄마들 덕분에 기본적으로 한글책을 읽는 습관이 몸에 배어 있기 때문이다. 한글책을 많이 읽는 아이들은 영어책과도 금방 친구가 된다. 이미 한글 어휘력이 풍부한 아이들은 영어책에 나온 단어와 문장, 내용을 빠르고 정확하게 이해하고 유추하는 것 같다. 그런 이유로 키즈엔리딩은 보통 초등학교 1학년 2학기나 2학년이 지나야만 다닐 수 있다. 한글책을 어느 정도 읽어야 유리한 데다 영어책을 30분 넘게 앉아서 읽을 지구력을 갖추려면 그 정도 나이는 되어야 하기 때문이다. 예외적으로 그보다 더 어린 나이에도 들어오는 아이들이 있는데, 언어능력이 또래 아이들보다 월등히 뛰어나다면 영어책을 함께 읽어도 좋다.

드문 경우긴 하지만 이미 영어공부에 지친 아이들이 유독 책 읽는 걸 좋아하기도 한다. 그런데 알고 보면 안타깝게도 자기가 영어책 읽기를 좋아한다고 믿고 싶은 아이들이 태반이다. 아이들이 시험도 안 보고 그냥 편하게 앉아만 있으면 되는 걸 '재미있다'거나 '좋아한다'고 표현하는 것을 나도 한참 후에야 알게 되었다. 암기식 영어공부에 지칠 대로 지쳐 있기에 어딘가를 꼭 다녀야 한다면 차라리 여기가 낫겠다고 자기만의 방어체제를 작동하는 것이다. 이런 아이들에게는 영어에 대한 부담감을 빨리 떨쳐버리고 영어는 쉽고 재미있다고 느끼게 하는 것이 정말 중요하다. 빠르면 일주일 안에 재미를 느끼지만 늦게는 몇 개월이 지나도 영어에 대한 반감이 사그라지지 않는 아이들이 있다.

다행히 최근에는 영어책 읽기가 영어학습의 새로운 대안으로 제시되고 있다. 그러한 추세에 힘입어 영어학원에 도서관 시설을 갖추어 영어책을 읽게 하거나 영어독서를 강조하는 교육기관도 많이 생겨나고 있다. 영어독서의 중요성이 부각되는 건 반가운 일이지만, 영어는 영어대로 공부하고 책은 책대로 읽어야 하는 건 아닌지 하는 우려의 목소리도 높다. 아직까지는 시험을 잘 보려면 공부는 공부대로 해야 하고, 그 부족한 부분을 채우기 위해 영어책을 읽는다는 생각이 지배적인 것 같다.

하지만 실제는 그렇지 않다. 내 경험으로는 영어책을 읽으면서 필요한 부분과 궁금한 부분을 학습으로 채워가는 것이 영어실력을 쌓는 데 훨씬 더 도움이 되었다. 영어책을 읽으면서 성취감, 재미, 칭찬, 소통, 공감 등을 통해 공부에 대한 자신감을 갖게 되는 것도 간과할 수 없는 장점이다. 무조건 힘들고 어렵게 배워야 '진짜 공부'라는 선입견만 없애도, 우리 아이들이 훨씬 더 쉽게 영어를 접할 수 있을 텐데 말이다.

### 책만 읽어서 영어가 늘까?

상민이는 엄마가 지나치게 영어공부를 강요해서 영어에 질렸다가 키즈엔리딩에 다니고 나서야 영어책 읽기에 재미를 들인 케이스다. 예쁘장한 얼굴로, 5학년이 되면서 전주에서 서울로 이사온 아이다. 이야기를 나눠보니 서울에 오기 전에는 엄마의 권유로 유명 영어학원에 다녔고, 이사오기 전까지 집중적으로 영어만 공부했다고 했다. 그런데 한창 예쁘고 밝아야 할 아이의 얼굴이 도무지 밝지 않았다. 영어에 대한 적대감과 공부에 대한 부담감으로 가득 찬 아이는 나의 친절도 부담스러웠는지 미간을 잔뜩 찌푸린 채 미덥지 않은 눈빛으로 나를 바라보았다.

상민이는 영어는 제일 싫어하는 과목 중 하나고 매일 영어단어 외우는 게 너무 힘들어서 단어만 보아도 멀미가 난다고 했다. 처음에는 아이를 맡을 것인지를 두고 고민하지 않을 수 없었다. 벌써 5학년인데 책 읽는 습관과 영어에 대한 흥미를 갖게 하려면 보통 저학년 아이들보다 더 오래 걸릴 테고, 아이를 설득해서 책을 읽힌다 해도 엄마의 조급한 마음을 바꿀 수 있을지 자신이 없었다. 또한 챕터북으로 공부한 적은 있으나 영어책을 읽은 적은 한 번도 없다고 했다. 챕터북 학습과 챕터북 읽기는 근본적으로 다르다. 챕터북은 말 그대로 학습이다. 단어, 숙어, 문법 등을 챕터북으로 배웠을 뿐이지 스토리가 있는 책의 재미는 알지 못한 것이다. 나는 그러한 아이에게 한 달 남짓 편하게 읽을 수 있는 쉬운 책(그중에서도 여자아이들이 좋아하는 그림이 많이 있고 단어가 쉬운)만 골라주었다.

키즈엔리딩에 있는 동안은 다른 아이들과 함께 같은 시간에 책을 읽어야 하므로 내키지 않아도 어쩔 수 없이 40~50분 정도는 앉아서 책을 읽어야 하지만, 특별히 매일 20분만 책을 읽도록 했다. 비교적 쉬운 단계의 책 위주로 조금씩만 빌려주면서 읽는 시간을 늘려갔다. 그 세 아이는 그동안 쌓여 있던 영어에 대한 부담감과 적대감을 빠르게 잊어갔다. 정작 변하지 않는 건 아이 엄마였다. 교육을 시작하기 전 미리 충분히 설명을 드렸지만 쉬운 책을 읽히는 것에 아이보다 엄마가 힘들어 하였다.

전주에서 읽던 책보다 훨씬 쉬운 책을, 그것도 단어도 외우지 않게 하면서 턱없이 적은 양의 책만 읽히니 대한민국 5학년 아이를 둔 엄마의 답답한 심정을 내가 왜 모르겠는가? 엄마는 급기야 상민이에게 쉬운 책은 그만 빌려오고 어려운 책만 빌려오라는 경고를(?) 내렸다. 기나긴 설득이 시작되었다.

"어머님, 앞으로 영어는 적어도 20년은 공부해야 합니다. 한두 달 쉬운 책 읽는다고 절대 뒤처지지 않습니다. 내신을 걱정해야 하는 시기도 아니고, 아이가 영어에 흥미를 갖고 책만 잘 읽어도 평생 선물이 될 것입니다. 지금 상민이에게 가장 필요한 것은 영어에 대한 자신감입니다. 단어나 문법을 달달 외우면 당장 성적이 오를지는 몰라도, 중학교에 가서도 영어를 스스로 공부하게 하려면 책 읽기로 내공을 쌓는 게 제일 중요합니다. 나중에 그런 아이들이 공부도 잘한다는 걸 어머니도 아시잖아요. 이대로만 하면 나중에 학원을 안 다녀도 중고등학교 교과서쯤은 혼자 너끈히 공부할 수 있을 겁니다. 한번 믿어보세요."

끈질긴 설득으로 상민이는 다음 달에도 계속해서 쉬운 책을 읽을 수 있었다. 몇 달이 지난 어느 날, 아이의 얼굴은 몰라보게 밝아져 있었고 자신의 리딩 레벨에 가까운 책을 읽고 있었다.

"상민아 영어책 읽는 게 어떻니?", "선생님, 정말 재미있어요. 영어가 이렇게 재미있는지 미처 몰랐어요. 저는 나중에 영어 선생님이 될 거예요.", "그래? 내가 생각하기엔 너는 선생님보다는 영어통역사를 하면 좋겠다. 목소리도 좋으니 영어방송국 아나운서나 외교관을 해도 좋을 것 같아."

그 후 아이는 쑥쑥 성장하는 모습이 눈에 보일 정도였다. 얼굴이 몰라보게 환해졌을 뿐 아니라, 어린 나이에 어울리지 않던 미간의 주름도 사라졌다. 학습식 정독과정도, 문법도 가르쳐주는 대로 스펀지처럼 빨아들였다. 하루에 2시간씩 스스로 영어책을 읽으면서 숙제도 착실히 해왔다. 주어진 것 이상으로 알아서 척척 해오는 상민이를 보면서 아이들은 원래 책을 좋아한다는 사실을 확신하게 되었다. 오히려 어른들의 무리한 계획과 욕심 때문에 잠재된 능력을 다 발휘하지도 못하는 건 아닐까? 아이들이 정말 기뻐하고 좋아하는 방향으로 나아가도록 좀 더 기다려준다면, 우리의 기대나 예상보다 훨씬 더 빨리 성장할 수 있을 텐데 말이다.

키즈엔리딩을 운영하면서 느낀 어른들의 문제점을 감히 말하자면 대략 이렇다. 아이들은 책 읽는 것 자체를 즐기는데, 어른들은 아무래도 무엇이든 '공부'로 접근해야 안심이 되는 것 같다. 우선 쉬운 책을 읽으면 별다른 도움이 안 된다고 생각한다. '책만 읽어서 영어가 늘까?' 하고 의심을 품는 것이다. 영어는 꼭 달달 외워야 하고 어렵게 공부해야 한다는 국제조약이라도 있는 것처럼, 아이들이 쉽고 재미있게 공부하면 별다른 효과가 없는 것처럼 바라본다. 그러다 고학년이 되면 재미있게 읽던 책을 치우고 '공부의 길'을 택하라고 한다. 아이들을 가르치면서 수도 없이 겪은 일이다. 조금만 더 읽으면 2년 공부해야 할 것을 1년으로 줄일 수 있는데, 그 조금을 기다리지 못하고 엄마의 계획대로 아이들을 움직이는 것이다.

나는 그러한 엄마들을 볼 때마다 욕먹을 각오를 하며 조금만 더 참아보라고 설득하곤 했다. 상대가 어떻게 생각하든 소신껏 이야기하는 것이 나의 의무라고 믿었기 때문이다. 그러나 단순히 공부방에 더 다니라는 권유처럼 느껴졌는지, 혹은 책 읽기가 너무 한가롭다고 느껴서인지 간혹 책 읽기 대신 다른 방법을 택하는 이들도 있었다. 지금은 나 역시 처음만큼 열성적으로 권하진 않지만 다시 한 번 이 자리를 빌려 말하고 싶다. 칭찬이 고래를 춤추게 한다면, 책 읽기는 아이들을 춤추게 한다고 말이다.

# 수준보다 한 단계 낮은 책을 읽혀라

영어를 배우는 데 아무리 책 읽기가 효과적이라 해도 그러한 어필만으로 공부방을 이끌어갈 수는 없는 노릇. 키즈엔리딩이 어느 정도 세상에 알려지면서 성공비결이 무엇인지 물어보는 이들도 하나둘씩 늘어났다. 여러 이유가 있겠으나 대부분의 사람들이 영어책과 일대일 코칭이라는 교육 트렌드를 성공의 원인으로 꼽곤 한다.

일리가 없는 말은 아니지만 결론부터 말하자면 트렌드만으로 아이들의 마음을 살 수도 없고 공부방을 성공시킬 수도 없다. 누구와도, 어느 곳과도 비교할 수 없는 노력이 필요하다. 키즈엔리딩이 아이들로부터 인정받는 가장 큰 이유는, 지난 8년 동안 미친 듯 리딩에 파고들었던 결과가 모든 프로그램에 고스란히 배어 있기 때문이다. 내가 긴 시간 동안 그토록 간절히 원하고 집중했던 건 오직 하나였다.

'도대체 어떻게 하면 영어책을 한글책처럼 재미있게 읽을 수 있을까?', '어떻게 하면 아이들 스스로 신나서 책을 읽을까?' 키즈엔리딩을 시작하면서 책 읽기에 관련된 모든 것이 나의 연구 소재가 되었다. 아이들이 책을 읽는 자세와 집중하는 시간, 다독과 정독의 분배, 소통과 공감이 독서에 미치는 영향, 독서환경, 동기부여 등 닥치는 대로 연구하기 시작했다. 내가 책 읽기에 미치니 주변의 모든 환경들이 나를 위해 움직여주는 것 같았다. 놀랍게도 내가 고민하고 궁금해 할 때마다 필요한 서적과 학회, 세미나들이 눈에 들어왔기에, 장소와 시간을 가리지 않고 달려가기만 하면 되었다.

1년 전쯤인가, 책을 2,000권쯤 아주 열심히 읽었지만 도무지 실력이 늘지 않는 아이 때문에 마음고생을 심하게 한 적이 있다. 대부분의 아이들이 다독과 정독, 간략한 문법수업을 거치면 눈에 띄게 실력이 늘었는데, 이 친구는 조금 달랐다. 매우 성실한 데다 목표도 뚜렷했기에 더더욱 마음이 쓰였다. 그 아이도 꽤나 신경이 쓰였는지 책을 2,000권이나 읽었는데 아직도 영어책이 어렵다며 정말 책만 읽으면 영어를 잘할 수 있는 거냐며 따지듯 물어왔다.

그런 그녀에게 선생님으로서 할 수 있는 일은 "반드시 그렇게 될 테니까 조금만 더 해보자."는 말로 다독이는 것뿐이었다. 그러던 중 경상대학교 박정숙 박사님을 따라 제1회 세계다독학회가 열리는 일본 교토의 한 대학을 방문하게 되었다. 세계다독학회 이사진의 하나인 그녀와 함께한 덕분에 세계다독학회에서 명성을 떨치는 교수님들과도 개인적인 친분을 쌓을 수 있었다.

나는 절호의 기회를 놓치지 않고 용기를 내어 평소 궁금했던 것들을 거침없이 물어보았다. 교수님들은 제2외국어를 배우는 사람들에게 다독을 지도한 경험을 통해 실제 써먹을 수 있는 사례들을 많이 들려주셨다. 오히려 학회보다 사석에서 더 많은 것을 전수받는다는 느낌이 들 정도로 말이다. 나는 그 자리에서 열심히 하는데 실력이 늘지 않아 고민이었던 그 아이의 특징을 설명하며 자문을 구했다. 그러자 그러한 친구의 경우에는 다독보다 정독에 더 비중을 두고, 그 친구의 리딩 레벨보다 한 단계 쉬운 책을 반복해서 읽히는 것이 가장 효과적이라고 조언해주셨다. 나는 한국에 오자마자 그 아이만을 위한 리딩 플랜을 다시 짜주었다. 결국 그 아이는 책 읽기에 대한 자신감을 되찾으면서 성실하게 책을 읽은 효과를 보기 시작했다. 나는 이 일을 통해 개인의 특성에 맞는 리딩 플랜이 얼마나 중요한지를 크게 실감하게 되었다.

2010년에는 일본 도쿄에 있는 영어다독학원을 탐방할 기회도 얻었다. 도쿄에서 800여 명의 학생들에게 책 읽기를 가르치는 후루카와 선생님이 운영하는 곳이었다. 후루카와 선생님은 원래 수학을 가르치던 분이었는데 우연히 아이들과 함께 영어책을 읽다가 독서의 효력을 실감해 학원을 차리게 되었다고 했다. 곱게 기른 머리가 다소 인상적인 남자 선생님으로, 멀리서 학원을 보러 찾아온 나와 박 박사님에게 학생 입장에서 학원을 마음껏 체험할 수 있도록 모든 것을 공개해주셨다.

일본 학생들의 분위기와 우리 학생들의 분위기는 사뭇 달랐다. 3시간 동안 영어책을 읽는데, 1시간 반 동안 읽고 10분 쉬었다가 다시 1시간 반을 읽고 집에 간다고 했다. 놀라운 점은 오랜 시간 동안 미동도 하지 않고 책을 읽는다는 것. 쉬는 시간인데도 떠드는 친구 하나 볼 수 없을 만큼 모두들 묵묵히 앉아서 책을 읽는 모습이었다. 도리어 선생님인 내가 그 시간을 버티기 힘들 정도였다. 나는 이렇게 책을 알아서 읽는 아이들이라면 굳이 학원에 와서 책을 읽을 이유가 있을까 싶은 마음에 학생 한 명에게 조용히 물어보았다.

"왜 여기까지 와서 영어책을 읽는 거야? 집에서 읽어도 너는 충분히 잘 읽을 수 있을 것 같은데?" "집에는 방해요소가 많아요. 텔레비전도 있고 동생들도 있고요."

너무도 당연한 대답이었지만 나는 머리를 한 대 맞은 기분이었다. 이렇게 책을 잘 읽는 아이들에게도 책 읽는 분위기가 중요하구나, 하는 감정 때문이었다. 이제까지만 해도 책을 안 읽는 아이들이나 집중하지 못하는 아이들에게만 책 읽는 환경이 중요하다고 믿었는데, 책을 좋아하는 아이들도 분위기를 갖춰주면 훨씬 책을 열심히 읽는다는 것을 알게 되었다.

하나 덧붙이자면 일본 친구들은 남에게 피해를 주지 않으려는 국민성 때문인지, 조용조용 이야기하거나 의자도 조심스럽게 넣고 빼는 모습이 우리 아이들과는 많이 달랐다. 대여 시스템도 놀라웠다. 우리와는 달리 아무 것도 기재하지 않고 책을 그냥 빌려주었다. 나중에 어떻게 책을 회수하는지 궁금해서 물었더니, 대부분의 아이들이 빌려준 그대로 다음 주에 가져온다고 했다. 참으로 신기했다. 정식으로 대출 신청을 해도 CD는 손상된 채 가져오기 일쑤고, 책도 낙서하고 찢어지는 게 다반사인 우리나라와는 너무 달라서 한동안 입을 다물지 못했다.

똑같이 영어책 읽기를 지도하고 있지만 한국과 일본은 같은 듯 많이 달랐다. 국민성에 의해 독서를 지도하는 방법도 다르듯이 아이의 특성과 능력에 따라 리딩도 다르게 지도해야 한다는, 당연하면서도 지키기 어려운 이치를 깨달을 수 있었다.


## 공부방도 배워야 산다

여기저기 발로 뛰어다니며 얻은 지식은 아이들에게 고스란히 전해졌다. 아이들은 숱한 시행착오를 거친 일대일 리딩 멘토 시스템 덕분에 더 신나게 책을 읽게 되었고, 아이들의 실력이 늘면서 키즈엔리딩 역시 유명해졌다. 발 없는 말이 천리를 간다고 어느덧 키즈엔리딩은 13개 지점으로 늘어나 많은 아이들이 오늘도 즐겁게 책을 읽고 있다. 조금만 관심을 기울이면 세상에는 배울 것이 널려 있다. 배우고자 하는 열정과 열려 있는 마음만 있으면 언제든지 기회는 오기 마련이다. 좋은 프로그램은 시대의 유행을 따르지 않으며 키즈엔리딩이 그것을 증명할 것이라 믿는다.

요즘 우리나라에는 영어를 잘하는 사람도 많고 영어를 잘 가르치는 선생님도 많다. 그럼에도 내가 아이들을 자신 있게 가르칠 수 있었던 이유는, 뉴질랜드 캠프는 물론이고 한국에 돌아와 아이들에게 독서를 지도하면서 '책 읽기'가 얼마나 효과적인 교육방식인지 몸소 실감했기 때문이다.

나는 책 읽기를 매일 비타민을 챙겨먹는 것에 비유하곤 한다. 우리가 비타민을 아침저녁으로 먹는 이유는 필요한 영양분을 제때 보충해주기 위해서가 아닌가. 책 읽기도 마찬가지다. 매일 정해진 시간에 꾸준히 책을 읽다 보면 비타민으로 몸에 면역력이 생기는 것처럼 내공이 붙기 마련이다. 그럼에도 많은 엄마들이 책 읽기뿐 아니라, 영어단어 외우기, 문법 공부, 작문 등, 다른 학원에서도 하고 있는 시험을 위한 공부 위주로 가르쳐주길 원한다. 아이가 좋아하는 것보다 당장의 시험 성적을 더 중요시하는 건 부모 입장에서야 당연할 것이다.

하지만 나는 눈앞의 성적보다는 시간이 걸리더라도 리딩을 체계적으로 가르치는 것이 장기적으로 훨씬 중요하다고 믿었기에, 부모들을 설득할 이론적인 근거가 필요했다. 리딩에 관련된 거라면 어디든 쫓아다니며 배우기 시작한 이유다. 다행히도 보고 배울 만한 분들이 많이 계셨다.

주부로서 영어책 읽기에 대한 경험과 정보를 나보다 훨씬 먼저 온라인에서 나누기 시작한 '잠수네 커가는 아이들'과 '솔빛엄마', '쑥쑥닷컴' 등에서 우리 아이들뿐 아니라 영어책을 읽는 아이들의 다양한 사례를 접하고 배울 수 있었다.

　그 밖에도 영어교육 세미나와 숙대의 코테솔 학회 등을 부지런히 쫓아다니며 책 읽기에 관한 것이라면 무엇이든 배워서 아이들에게 적용해 지도했다.

　반드시 문법 중심으로 배워야 하는 건 아니지만 영어책을 읽을 때 문장을 더 잘 이해하려면 영어문법을 아는 것도 무시할 수 없다. 사실 문법은 그 자체가 어렵다기보다 아이들이 쉽게 이해하도록 잘 가르치는 것이 더 어렵다. 그래서 문법을 잘 가르친다고 소문난 선생님이 있으면 그날로 가서 강의를 들었다. 특유의 카리스마로 학생들을 압도하며 쉬운 문법의 중요성을 주장하신 시사어학원의 이라미 선생님, 재미있고 머리에 쏙쏙 들어오는 강의로 유명한 인터넷 문법강의의 최강자 한일 선생님, 박코치어학원의 박정원 코치, 그리고 도서관에 꽂혀 있는 수많은 영어책들이 나의 선생님이 되어주었다.

　내가 만약 영어를 뛰어나게 잘했더라면, 머리가 좋았더라면 이렇게 많은 선생님들에게 배우려고 노력하지 않았을 것이다. 내가 늘 부족한 것을 알았기에 열심히 배울 수밖에 없었고 당시에는 힘들었지만, 부족함이 지금의 성과로 이어진 것 같아 그저 뿌듯할 뿐이다. 부족한 부분은 배움으로 채우고 아이디어와 생각을 더해 수백 명의 학생들과 피드백을 주고받은 결과를 토대로 탄생된 것이 오늘날 키즈엔리딩의 일대일 집중 독서코칭프로그램이다. 그 후 각지에서 선생님들이 키즈엔리딩을 함께 하고 싶다며 찾아오셨고 지금은 13개 지점의 키즈엔리딩에서 많은 아이들이 자신의 특성에 맞게 책을 읽으며 즐겁게 영어를 배우고 있다.

온라인 강의가 활성화되면서 공부방도 이제는 내로라하는 교육업체, 유명강의와 경쟁해야 하는 시대가 되었다. 그러려면 무엇보다 경쟁력 있는 교육 프로그램을 갖춰야 한다. 제대로 된 프로그램 하나를 만들려면 리더의 정성과 노력 그리고 많은 시행착오를 딛고 일어설 시간과 끈기가 필요하다. 과거에는 부족함을 채우기 위해 배우러 다녔다면, 현재는 미래를 위해 더 나은 프로그램, 더 좋은 시스템을 만들어가는 데 주력할 것이다.

# 특성별 리딩 로드맵을 완성하다

책 읽는 아이 하면 여러 이미지가 떠오르겠지만, 앞에서도 말했다시피 모든 아이들이 책을 좋아하고 꾸준히 읽는 것은 아니다. 아이들의 개성과 그날의 컨디션, 리딩 레벨, 한글책을 읽은 양 등에 따라 영어책을 읽는 방식도 천차만별이다. 쉬운 책만 읽으려는 아이, 한 권을 외울 때까지 읽으려는 아이, 무조건 많이 읽기를 원하는 아이, 한 권만 반복해서 보는 아이, 만화책을 좋아하는 아이, 집중력 있게 오랜 시간 읽는 아이, 한 권 읽고 쉬었다 또 읽는 아이 등…. 뭐가 됐든 아이들 스스로 내린 선택을 존중해야 하는데, 가장 큰 걸림돌은 어른들이다.

"왜 너는 매일 쉬운 책만 빌려오니?", "너 이 책이 무슨 내용인지 정말 알아? 그럼 여기까지 해석해봐!", "다음엔 여기 있는 단어를 다 외운 다음에 다른 책 읽어라." 등, 우리가 기존에 시도했다 실패했던 모든 방식들을 어찌 그리 잘도 기억하고 아이들에게 그대로 시키는지 신기하기만 하다.

영어책을 읽는 아이들은 크게 세 가지 유형으로 나눌 수 있다.

첫째는 다독형 아이다. 이 친구들은 그냥 가만히 내버려둬도 스스로 다 알아서 하는 유형이다. 키즈엔리딩에 오면 자기가 원하는 책을 가져다가 한 시간 넘게 자신이 원하는 만큼 읽는다. 이런 친구들에게는 특별한 북코칭도 필요 없는지, 원하는 건 하나뿐이다.

이 아이들은 "선생님, 저는 코칭을 제일 먼저 받거나 제일 나중에 받고 싶어요. 재미있게 읽고 있는데 중간에 흐름이 끊기는 건 싫어요."라며 책읽기에 집중한다. 이 친구들의 대부분은 많은 양과 종류의 책을 가리지 않고 보지만, 자신이 유독 재미있다고 생각되는 책을 찾으면, 일 년 내내 책 한 권이나 같은 시리즈, 혹은 비디오 하나만을 집중적으로 반복해서 보는 것도 주된 특징이다. 그럼 엄마들은 답답하기만 하다. 돈을 냈으니 있는 책을 다 봐도 시원치 않은데 하나만 보니 본전 생각이 날 수밖에.

하지만 실컷 본 후 책이나 비디오의 내용을 토씨 하나 틀리지 않고 줄줄 이야기할 때면 그 효과를 실감하고 감격한다. 이렇게 책을 읽고 나면 신기하게도 리딩 레벨이 몇 단계는 그냥 올라가니, 그러려니 하며 가만히 기다려주기만 하면 된다. 문법도 단어도 쓰기도 책을 읽으며 스스로 터득하는 편이라, 무언가를 궁금해 할 때만 집중적으로 지도하면 스펀지처럼 지식을 빨아들인다. 그러나 키즈엔리딩의 많은 졸업생 중에서 이런 유형의 아이들은 아직 3명 정도밖에 보지 못했다. 다행히(?) 우리 옆집 아이는 아니고 간혹 TV에나 나올 법한 달인 수준의 아이들이니 너무 부러워하지 말자.

다음은 다독과 정독을 병행하는 평범한 아이들이다. 이 유형의 친구들은 많은 책을 읽으면서 단어와 문장으로 유추하는 능력과 배경지식을 쌓는다. 동시에 책 내용을 정확하게 파악하는 정독학습과 일정 수준 이상의 문법수업을 병행하면 효과적이다. 동기부여와 칭찬, 적절한 승부욕의 자극만으로 책 읽는 습관을 빠르게 만들어간다. 주의할 점이 있다면 지나치게 무서운 속도로 발전할 수 있다는 것. 간혹 엄마들이 영어책만 읽고 다른 공부는 하지 않는다며 불평하기도 하는데 나로서는 무척 행복한 일이다.

세 번째는 완전 정독형이다. 이 유형의 친구들은 사실 아이도 엄마도 나도 가장 많은 시행착오를 겪은 케이스다. 키즈엔리딩을 시작한 후 한국형 다독(Reading with Listening)이 정답인 줄 알고 1,000~2,000권에 달하는 책을 읽혔다. 그런데 생각만큼 실력이 늘지 않았다. 효과가 없는 것 같다는 엄마들을 조금만 기다려보자며 애써 설득했지만, 아무리 많은 책을 읽어도 도무지 실력이 나아지지 않았다. 알고 보니 학습속도가 다른 친구들에 비해 늦거나 한글책을 많이 안 읽은 아이들이 많았는데, 다독형 아이들이 문장을 통째로 이해하는 것과 달리 책 속 문장들을 단순히 단어들의 나열로만 본 것이다. 그럴 때는 단어의 뜻과 그 단어가 문장에서 어떤 역할을 하는지를 차근차근 알려주었어야 했는데 그것을 알지 못했던 것이다. 항상 학습속도가 느려 엄마의 애를 태웠던 내가 나와 가장 비슷한 케이스를 알아보지 못하고 그에 맞게 지도하지 못했으니 지금 생각하면 미안할 따름이다. 하지만 그로 인해 개인별 리딩 로드맵이 얼마나 중요한지를 알게 되었고, 그 후로는 아이에 맞는 리딩 플랜을 처방할 수 있었다.

이런 유형의 아이들에게는 무엇보다 자신감을 심어주는 게 중요하다. 의도적으로 과제를 다음 시간에 해올 수 있을 만큼만 내주어 성취감을 맛보게 하는 것도 한 가지 방법이다. 또한 아이들이 문법을 이해할 때까지 수십 번 반복해서 설명해주었다. 문법에 자신감이 생기자 꾸준하고 성실하게 책을 읽게 된 것은 어찌 보면 당연한 결과일 것이다.

그 후로는 학년, 성별, 학습능력, 학습의지, 한글책을 읽은 정도에 따라 아이들을 각각 그에 맞게 지도하기 시작했다. 아직도 간혹 좀 더 빨리 진도를 나가면 좋겠다고 재촉하는 엄마들이 있지만 이제는 결코 흔들리지 않을 자신이 있다. 책 읽기에는 시간이 필요하다는 걸, 공식에 맞추어 지도하는 게 소용이 없다는 걸 깨우쳤기 때문이다.

옆집 아이의 리딩 레벨이 높다고 해서 자신의 아이도 같은 방식으로 지도한다면, 예쁘다는 이유만으로 몸에도 맞지 않는 옷을 아이에게 입히는 것과 마찬가지가 아닐까. 자신의 몸에 잘 맞는 옷이 가장 보기 좋은 것처럼 아이들의 학습계획도 자신의 특성에 맞게끔 설계되어야 할 것이다.

# 특명! 나만의 공부법을 만들어라

"비가 오고 바람이 불어 몹시도 추운 어느 날이었어. 늘 주어를 쫓아다니던 동사들이 서로 싸우더니 결국 같이 못 다니겠다며 'Be동사파'와 '일반동사파'로 나뉘게 되었단다. Be동사파에는 그 무시무시한 'am, are, is'라는 조직원들이, 일반동사파에는 수적으로 훨씬 많은 행동대원들이 있었단다. 그런데 하루는 Be동사파의 조직원들(am are is)이 주어를 따라 과거로 갔다가 급하게 다시 돌아오고 말았어. 왜냐하면 현재 입고 있던 옷을 그냥 입고 가서 과거 사람들에게 첩자로 의심받아 혼날 뻔했던 거지. 그래서 다시 과거로 가기 위해 과거의 옷으로 갈아입었단다. am과 is는 was로, are는 were로 말이야."

여기까지 하고 이야기를 멈추자 똘망똘망한 눈빛으로 다음 이야기를 재촉하는 아이들.

"선생님 그래서요. 그래서 어떻게 되었는데요?"

"그 사실을 알아챈 일반동사파의 조직원들도 주어를 따라 과거로 가기 위해 옷을 갈아입었지. 대신 어떤 옷으로 갈아입었는지는 다음 시간에 가르쳐주겠다!"

나의 대답에 아이들은 제발 빨리 가르쳐 달라고 아우성이다. 그럼 한술 더 떠서 "이 이야기는 비밀이니 다른 사람에게는 절대 알려져서는 안 된다."라고 덧붙인다. 아이들은 궁금한 나머지 수업이 끝나자마자 다음 시간을 기다리는 누나나 형에게 결말을 물어보기 시작한다.

아이들을 가르치며 이렇게 재미있고 신기하며 통쾌한 순간이 또 있을까? 대체 어떤 아이들이, 아니 어느 누가 일반동사의 과거형을 이토록 알고 싶어 할까?

영어는 결코 지루한 과목이 아니다. 영문법도 마찬가지다. 얼마든지 재미있게 가르칠 수 있는데 무조건 외우라고만 하니 문법이라 하면 아이들이 치를 떠는 것이다. 영어책을 1,000권 정도 읽는 데는 아주 기본적인 문법만 알아도 충분하다. 이제 막 영어문법을 접하는 아이들에게 품사와 주어, 동사의 관계를 알려주면 문장의 구조를 더 쉽게 이해할 수 있다.

경험이 없었던 초창기에는 챕터북을 읽을 줄 아는 아이들에게 《Basic grammar in use》라는 영어로 된 문법책을 풀게 하였다. 영어책을 많이 읽었고 기본적인 듣기 능력을 갖춘 아이들이었기에 영어로 된 문법책이었지만 쉽게 이해했고 문제도 곧잘 풀었다. 내가 스물다섯 살에 영국에서 어학연수 받을 시기에 풀던 문법책을 겨우 초등학교 5, 6학년 된 아이들이 척척 이해하니 영어책 읽기의 효력이 이렇게 대단한가 싶어 내심 놀랍기도 하고 기쁘기도 했다. 그런데 시간이 지날수록 아직도 무언가 부족하다는 생각이 들었다. 문법의 내용을 이해하고 문제를 푸는 것도 중요하지만, 정작 필요할 때 써 먹지 못한다면 무슨 소용이 있나 싶어서였다. 목적을 공부에만 두니 쉽게 배우긴 했지만 그만큼 쉽게 잊기도 했을뿐더러, 아니라고는 해도 문법에 대한 부담이 커져갔다.

결국 아이들이 재미있게 술술 읽을 만한 문법책이 필요했는데 시중에 출간된 문법책을 뒤지고 뒤져도, 나와 아이들이 원하는 재미있고 쉬운 문법책을 찾기가 쉽지 않았다. 그래서 궁여지책으로(?) 아이들을 위한 문법책을 직접 만들어보기로 한 것이 바로 '스토리 영문법 빌딩맵'이다.

'스토리 영문법 빌딩맵'은 지상 10층과 지하 10층짜리 영문법 빌딩을 세워서 필요할 때마다 자신의 뇌에 저장된 영문법을 꺼낸다는 구조로, 각 층의 각 방(한 층 4개)마다 특별한 주인공과 스토리를 심어주어 아이들이 기억하기 쉽게끔 했다. 아이들이 문법을 공부하며 겪는 가장 큰 어려움은, 문법을 부분적으로는 이해하지만 전체적인 문법 구조를 뇌에 정확히 입력시키지 못했기에 문장이나 말로 표현하지 못하는 것이다.

즉 공식을 암기하듯 문법을 공부하는 것은 단기적인 시험에는 효과적일지 몰라도, 회화나 작문 같은 실전 영어에는 그리 도움이 되지 않는다. 예를 들면 아이들은 "Are you a student?"와 "Do you a student?"를 구별하는 것을 어려워한다. 이는 Be동사와 일반동사의 차이점을 확실하게 모르기 때문이다.

그래서 스토리 영문법 빌딩맵을 만들어 '주어＋Be동사'를 1층에 입주시키고, 2층에는 주어＋일반동사를 입주시켜 각각의 방에 긍정문, 부정문, 의문문, 의문사가 있는 의문문을 살게 해 그 차이점들을 확실하게 아이들에게 각인시켰다.

아이들은 몇 층 몇 호에 누가 사는지를 정확하게 기억하여 문장의 문법적인 구조를 익히는 동시에, 영문법뿐 아니라 영어 자체에 자신감과 재미를 붙여갔다. 아울러 아이들이 스토리 영문법 빌딩맵 강의에서 이해한 내용을 적어오면 일일이 체크해 개선사항과 보충사항을 알려주었다. 그 문법에 맞는 문장을 쓸 수 있는 수준이 되면 인증 스티커를 주었고, 영문법 빌딩맵 노트를 마련해 문법 심화학습을 할 때마다 추가되는 내용을 직접 써넣도록 했다. 가급적 노트는 튼튼하고 예쁜 것으로 준비하여 '평생 완전 보존판'으로 만들도록 했다. 지금 아이들이 갖고 있는 영문법 빌딩맵 노트는 내 강의를 그대로 적은 것이 아니라, 자기만의 개성과 정확한 문법적인 지식을 바탕으로 재구성한 소중한 영문법 자료인 셈이다.

스토리 영문법 빌딩맵이 인기를 끌자 내가 봐도 놀랄 만큼 노트 꾸미기에 정성을 들이는 아이들이 많아졌다. 스스로 이해한 문법을 각기 다른 컬러와 자기만의 언어로 요약, 정리하는 아이들이 있는가 하면, 나름대로 재미있는 이야기를 추가하거나 만화로 각색하는 아이들도 있다. 심지어 친구나 동생들 앞에서 자신이 이해한 내용을 강의하는 아이들도 있다. 그럴 때면 원장의 권한으로 당연히(?) 1,000원의 강의료를 주곤 한다. 공부는 모름지기 '재미'다!

## 무한반복 서비스는 기본이다

'쉽게 이해해야 해! 짧고 간단해야 해! 튀고 재미있어야지!'라는 원칙을 세운 후 어떤 날은 내 이야기를 각색해서, 어떤 날은 동화를, 어떤 날은 영화에나 나올 법한 이야기를 꾸며내 문법수업을 했더니 생각지도 못한 일이 일어났다. 아이들이 문법이 재미있다고 박수를 치며 나의 어설픈 이야기에 귀를 기울이기 시작한 것이다. 아이들은 이제껏 이렇게 쉬운 문법 때문에 괜히 겁을 먹었다는 듯 주어와 동사로 문장을 만드는 것을 즐기기 시작했다. 이처럼 공부법에 '재미'를 더하면 아이들은 공부를 공부가 아닌 '놀이'로 받아들인다.

어차피 책을 읽는 아이들이니 약간의 문법에 스토리를 첨가해 말해주면 잊어버리지도 않겠다 싶어 시도해보았는데, 기대했던 것보다 반응이 훨씬 좋았다. "선생님 이제 to가 보여요. 전에는 똑같은 to가 여기저기 있었는데 이제는 정확히 뭐하는 애들인지, 어떻게 해석해야 할지 알 것 같아요." 나는 아이들의 이런 반응에 신이 나서 더더욱 열심히 연구하고 공부하기 시작했다.

문법수업은 어느 정도 영어 듣기와 읽기가 되는 아이들을 대상으로 할 때 가장 효과적이다. 모국어인 국어도 국어를 정식으로 배워야 문법을 알듯, 영어도 어느 정도 책을 읽을 수 있을 때 문법을 배워야 읽기 막막해 보이던 문장들이 하나둘씩 눈에 들어온다.

나는 시간이 날 때마다 가까운 도서관에 가서 시중에 나온 문법책을 보면서 책을 읽는 아이들이 꼭 알아야 할 문법이 무엇인지, 어떻게 하면 쉽게 가르칠 수 있는지에 대해 고민하고 또 고민했다. 특히 소문난 강사들의 수업은 직접 찾아가서 배우기도 했다.

나는 영어 전공자도, 경험이 많은 문법 선생님도 아니다. 하지만 영어를 가르칠 때 중요한 것은 아이들에게 꼭 필요한 내용을 쉽게 풀어서 이해시키는 것이다. 기본기만 탄탄하면 아무리 어려운 문법이라도 얼마든지 가르칠 수 있지만, 아무리 뛰어난 선생님이라도 기본기가 약한 아이들에게 심화문법을 가르칠 수는 없는 노릇. 그래서 키즈엔리딩에서는 가장 기본적인 문법을 남들에게 설명할 수 있을 때까지 반복해서 가르친다. 학생들 중에는 집에 돌아가 부모님이나 동생들 앞에서 강의하는 모습을 동영상이나 사진으로 찍어서 보내는 아이들도 있다. 나는 이런 것이야말로 진짜 공부라고 생각한다. 자신이 완벽히 이해하지 않으면 남들 앞에서 강의하기란 불가능한 법이다. 스스로 이해하고 제대로 표현하는 것이 공부의 진정한 핵심이 아닐까?

문법을 가르칠 때 강조하는 것이 한 가지 더 있다. 바로 '무한반복 서비스'다. 나는 선생님들에게 아이들이 이해할 때까지 무한반복해서 강의하는 것이 우리의 책임이자 도리라고 당부한다. 수업을 하다 보면 꾸준히 진도를 나가고 싶어지는 게 사람 마음이지만, 키즈엔리딩에서는 문법만은 시간표대로 진행하지 않는다.

간혹 아이들의 이해가 늦어서, 진도가 늦어져서 걱정이라는 선생님도 있다. 그럴 때마다 나는 "선생님, 만일 선생님 아이라면 어떻게 하시겠어요? 이해를 못하고 있는데 계속해서 어려운 내용을 가르치는 게 효과적이라고 믿으세요, 아님 시간이 걸려도 기초를 탄탄히 쌓는 게 중요하다고 생각하세요? 혹시 부모님들이 불평하시면 소신껏 말씀하세요. 저희 키즈엔리딩에는 정해진 진도가 없다고요. 영어를 잘하려면 기초를 탄탄히 하는 것보다 중요한 건 없다고요. 그 선택은 부모님들의 몫이라고 말입니다."

한편 문법에 자신 없어 하는 아이들에게는 이렇게 말한다.

"스토리 영문법의 가장 좋은 점은 선생님의 무한반복 강의다. 선생님은 문법의 여신이라고 불릴 정도로 최고다. 나중에 내 강의를 너희들이 밖에서 그대로 할 수 있도록 최고로 만들어줄게."라며 마법의 주문을 건다. 아이들에게는 선생님에 대한 믿음이 최고의 에너지원이기 때문이다. 초롱초롱한 아이들의 눈망울이 내게 가장 큰 힘이 되는 것처럼.

처음에는 영어책을 읽는 데만 열심이었던 아이들도 하나둘씩 스토리 영문법에 재미를 붙이기 시작했다. 선생님들은 저마다 오늘은 어떤 이야기를 해야 아이들이 좋아할지 고심하며 하루를 시작한다. 이러한 시도가 다소 유치해 보일지도, 조금은 답답해 보일지도 모른다. 하지만 아이들 머리에 문법만 쏙쏙 심어줄 수 있다면 더 이상 무엇을 바라겠는가.

처음에는 나만 스토리 영문법을 가르쳤다. 어려운 문법을 쉽게 가르칠 자신이 없어서 생각 끝에 떠올린 방법이기에, 다른 선생님들에게 똑같이 하라고 할 자신이 없었기 때문이다. 그러나 지금은 키즈엔리딩의 모든 선생님들이 스토리 영문법 수업에 동참하고 있다.

# 공부방만의 장점을 살려라

어느 일요일 아침이었다. 밀린 일을 하기 위해 작정하고 책상 앞에 앉았건만 일이 잘되기는커녕 마음만 무거웠다. 이유인즉슨 시험을 코앞에 두고 늘어지게 자는 아들 형석이를 깨워 도서관에 보내며 잔소리를 잔뜩 늘어놓았기 때문이다. 아이를 배려한다고 그동안 애써 꾹꾹 참아온 잔소리를 화풀이처럼 퍼부은 것도 모자라서 밥도 먹지 않은 채 쾅 하고 현관문을 닫고 나가는 아들을 향해 질 수 없다는 듯 소리치고 말았다. "야, 너 문 똑바로 못 닫아?"

아침부터 아들이랑 한판 붙으니 일도 안 되고 기운이 쏙 빠져나가는 것만 같다. 책상 앞에 앉으면서 나도 모르게 '난 과연 좋은 교육자이기 전에 좋은 엄마인가?' 하고 자문해보았다.

그러다 얼마 전 우연히 본 켄 로빈스 경의 TED강연을 떠올리며 올바른 교육이 무엇인지를 생각해보게 되었다. 그는 어른들이 좋은 대학, 좋은 회사, 좋은 가정이라는 매뉴얼에 우리 자녀들을 끼워 맞추고 있다고 말했다. 아이들이 무엇을 원하는지, 무엇을 하고 싶어 하는지 생각할 기회를 주지도 않은 채 입시만을 위한 주입식 교육으로 내몰고 있다는 것이다. 아이가 아니라 어른을 만족시키는 교육이 진정 아이들을 사랑하는 자세일까? 그의 말처럼 패스트푸드점에서 나오는 음식처럼 매뉴얼화된, 획일화된 교육에서 벗어나서 사랑하는 우리 아이들이 진짜 무엇을 좋아하는지부터 생각해봐야 할 것이다.

키즈엔리딩이 엄마들 사이에서 점점 입소문을 타자 다른 공부방 선생님들은 물론이고 학원 원장님들에게서도 전화문의가 오기 시작했다. 자기 학원에서도 키즈엔리딩 프로그램을 시도해보고 싶다는 제안이었다. 나도 사업을 하고 있는 입장인지라 처음에는 그러한 제안이 솔깃하게 들려왔다.

문제는 일대일 코칭 프로그램이었다. 아이들에게 책 읽기를 지도하려면 아이 특성에 맞춘 리딩 로드맵을 제시할 만큼 아이들과 책에 대해 상세히 파악하고 있어야 한다. 그러려면 정해진 진도에 연연하기보다 아이에게 맞는 코칭을 할 수 있어야 한다. 키즈엔리딩에 들어와 처음 교육을 받는 선생님들이 가장 어려워하는 것은 정해진 진도대로 수업을 해야 한다는 부담감이다. 물론 교육비를 받았으니 반드시 계획한 만큼의 지식을 가르쳐야 한다는 책임감은 십분 이해한다.

하지만 공부방은 학원과 다르다. 결코 학원 교육이 나쁘다는 것이 아니다. 대형 학원과 다른 공부방의 강점을 살려 가르쳐야 한다는 것이다. 공부방은 원장 선생님 혼자 아이들을 가르칠 수밖에 없기에, 자연히 엄마표 교육처럼 서로 눈을 맞추며 호흡하고 아이들과 소통하는 교육이 되어야 한다. 아니, 그렇게 될 수밖에 없다. 게다가 키즈엔리딩에 아이를 보내는 대부분의 엄마들은 영어를 공부가 아닌 경험으로 간주하는 분들이 대부분이어서 다른 학원에 보내지 않는다. 그런 엄마들이 바라는 것이 과연 무엇일까?

만일 그들이 시험을 위한 주입식 영어학습을 택했다면, 굳이 시험도 보지 않는 키즈엔리딩에 아이를 보내지는 않았을 것이다. 그래서 나는 선생님들에게 매번 강조한다.

제발 뭘 가르치려는 생각보다 아이들의 편이 되어주라고, 아이들의 편에 서는 선생님이 되어주라고 말이다. 키즈엔리딩에서는 같은 학년, 같은 레벨이라고 해도 아이의 능력에 맞게 숙제를 내준다. 상대적으로 책 읽는 속도가 조금 느린 아이는 숙제를 두 줄만 해와도 칭찬을 받는다. 아이의 능력이 두 줄을 쓰는 것밖에 안 되는데 열 줄을 내주니 숙제를 다 못해오는 것이다.

두 줄이지만 이 아이는 100%의 능력을 발휘한 것이다. 그러면 아주 잘한 것이다. 물론 시간은 남들보다 좀 더 걸리겠지만, 선생님의 절대적인 지지와 신뢰를 얻는 아이들은 몇 년이 걸려도 기어코 실력을 발휘하고야 만다.

그러한 측면에서 아이들에게 일대일 코칭은 절대적인 위력을 갖는다. 코칭은 장기적인 믿음과 신뢰에서 나온다. 공부방은 모든 학생을 원장이 직접 지도하고 관리하니, 학생을 코칭할 때 100%의 에너지를 발휘할 수밖에 없다. 그것이 키즈엔리딩 프로그램을 학원에 도입할 수 없는 첫 번째 이유다. 아쉽게도 모든 강사에게 원장만큼의 열정을 기대하기 어렵기 때문이다.

그렇다면 훌륭한 코칭의 조건은 무엇일까?
1. 선생님과 아이는 단순히 아는 것을 가르치는 수직적 관계가 아니라 아이의 잠재력을 이끌어내는 수평적 관계가 되어야 한다. 선생님은 가르치는 것보다 학생의 잠재력을 이끌어내는 데 더 많은 아이디어를 낼 수 있어야 한다.
2. 코칭은 선생님의 지시를 듣는 시간이 아니라 아이의 생각과 생활을 듣는 시간이 되어야 한다.
3. 지식을 주입하기보다 선택을 존중한다.
4. 아이에게 나는 '너의 편'이라는 인식을 심어준다.

사람은 자신을 인정해주는 존재에게 무한한 믿음을 갖게 되고, 그 존재를 실망시키고 싶지 않은 마음, 더 칭찬을 받고 싶은 마음 때문에, 즐겁게 그리고 열심히 하게 되어 있다. 우리 공부방을 찾는 아이들이 가장 열광하는 것 역시 선생님과의 일대일 코칭시간이다.

나는 키즈엔리딩을 운영하면서 공부방만의 강점을 살려 아이들을 효과적으로 가르치는 법을 자연히 터득하게 되었다. 코칭과 티칭을 적절히 융합한 지도는 소규모 공부방만의 또 다른 장점일 것이다. 아이의 특징과 학습 성향, 능력을 바탕으로 아이들을 지도해보자. 어느덧 당신을 믿고 따르는 학생들을 만나게 될 것이다.

# 공부방 여왕이 말하는 영어책 잘 읽는 법

## 1. 초등학교 입학 전에는 한글책을 많이 읽어라

가끔 유아들의 영어책 읽기에 대해 궁금해 하는 학부모들의 문의를 받는다. 나는 그럴 때마다 "초등학교에 들어가기 전에는 한글책을 더 많이 읽히라."고 권한다. 영어책을 가장 잘 읽을 수 있는 능력은 한글책을 통해 익힌 배경지식으로부터 나오기 때문이다.

아무래도 영어책을 잘 읽으려면 많은 시간이 필요한데, 한글책을 좋아하고 많이 읽은 아이는 그렇지 않은 아이보다 훨씬 쉽게 적응하게 된다. 책을 많이 읽었다는 것은 아는 한국어 어휘가 그만큼 많다는 것이고, 자연히 영어로 된 단어와 문장을 유추하는 능력도 발달했다는 얘기다. 영어책을 무리하게 일찍 읽히기보다 초등학교 입학 전에 한글책을 충분히 읽히는 것이 좋다.

## 2. 먼저 책 읽을 시간을 확보하라

부모님과의 상담에서 가장 먼저 하는 질문 중 하나가 "아이들이 집에서 책 읽을 시간이 있나요?"이다. 아이에게 가장 중요한 시간은 학교 다녀와서 쉬고 친구와 놀고 숙제하고 간식 먹으면서 엄마에게 학교에서 있었던 일들을 얘기하는 시간이다. 이 모두 없어서는 안 되는 시간인데, 무조건 책을 읽으라 하면(그것도 영어책을), 아이들이 책 읽기를 지겨운 숙제나 공부처럼 받아들이기 쉽다. 아이에게 진정한 책 읽기의 기쁨을 알려주고 싶다면 여유롭게 책을 읽을 수 있는 시간을 마련해주는 것이 바람직하다.

## 3. 수준보다 한 단계 낮은 레벨의 책을 읽어라

정작 아이들의 책 읽기 능력이 어느 정도인지 잘 모르는 부모들이 많다. 아이가 어려운 수준의 영어책을 읽는 것만 봐도, 아이가 그 책을 전부 이해할 수 있을 거라 믿는다. 하지만 이는 크나큰 착각이다. 엄밀히 말하자면 아이가 편안하고 재미있게 읽을 수 있는 책이 바로 아이의 정확한 리딩 레벨인 것이다.

리딩 레벨을 올리기 위해 가장 중요한 것은 사전 없이도 충분히 이해할 수 있는 책, 혹은 70~80% 이상 이해할 수 있는 책을 차고 넘치도록 많이 읽는 것이다. 간혹 부모의 욕심(?)으로 수준보다 훨씬 어려운 책을 읽는 아이들이 있는데, 이는 오히려 영어책을 재미있게 읽는 데 방해가 된다. 반대로 책의 내용이 너무 쉬워도 책에 대한 흥미가 떨어져 독서효과가 낮아질 수 있으니 주의해야 한다.

리딩 레벨 측정법으로는 미국의 'AR 프로그램'이나 '렉사일 지수' 등이 있다. 이는 영어가 모국어인 학생들의 독서능력을 측정하기 위해 만들어진 것인데, 영어가 제 2외국어인 우리나라 학생들에게도 적용할 수 있다. 보다 정확한 리딩 레벨을 알고 싶다면 아이의 연령과 영어실력, 개인적인 성향들을 고려해 단계별 책을 골고루 읽게 한 후, 리딩 레벨을 측정해 그보다 한 단계 낮은 수준의 책을 읽히는 게 바람직하다.

## 4. 친구와 함께 책을 읽는 분위기를 조성하라

영어책을 읽을 때는 집에서 혼자 읽는 것보다 친구들과 함께 시간을 정해서 읽는 것이 훨씬 효과적이다. 한글책은 혼자 읽어도 책의 재미에 빠져서 오랜 동안 읽기 쉽지만, 영어책은 꾸준히 읽는 습관을 들이는 게 중요하다. 친구들과 함께 책을 읽으면 선의의 경쟁을 유도해 발전 가능성을 더 높일 수 있다는 점에서도 효과적이다. 매일 같은 시간 친구들과 함께 영어책 읽는 습관을 들인다면, 어느덧 영어로 《해리포터》 정도는 무리 없이 읽게 될 것이다.

### 5. 아이와 책을 잘 아는 리딩 멘토를 찾아라

아무리 재미있는 장치를 마련해도 아이들이 영어책을 혼자 알아서 꾸준히 읽기란 좀처럼 쉽지 않다. 이때 필요한 것이 바로 리딩 멘토다. 리딩 멘토의 역할은 아이가 자신의 성향과 레벨에 맞는 책을 꾸준히 읽을 수 있도록 동기를 부여하고, 책을 읽는 데 필요한 최소한의 문법적 지식을 알려주는 것이다. 책을 읽고 쌓은 배경지식을 활용해 영어로 쓰고 말할 수 있게끔 지도하면 더더욱 좋다.

# 아이들이 좋아하는 영어책 BEST 10

| 번호 | 제목 | 참고 |
|---|---|---|
| 1 | Little Critter | 처음 영어를 시작하는 아이들의 대표적인 리더스북. 쉽고 재미있게 단계별로 구성된 저학년용 책. |
| 2 | Froggy | 재미있는 캐릭터와 그림으로 학교생활에 대한 기대감을 심어주는 내용의 저학년용 책. |
| 3 | Arthur's Adventure | 아서의 신나는 학교생활과 즐거운 일상. Arthur Starter(초급용), Arthur's Adventure(중급용), Arthur 챕터북(중급 이상)이 있다. DVD 포함. |
| 4 | Sponge Bob | 아이들의 영원한 친구 스폰지밥. 단계별로 스폰지밥 리더스북, 스폰지밥 스토리북, 챕터북까지 나와 있다. |
| 5 | 이보영의 영어 만화 | 쉽고 재미있게 다음 단계의 영어책을 읽을 수 있도록 교량 역할을 해주는 책. |
| 6 | Foundation Reading Library | 우정, 로맨스, 모험 등의 주제를 쉬운 문장 구조와 단어로 표현한 책. 고학년이지만 리딩 레벨이 낮은 아이들이 읽으면 좋다. |
| 7 | Horrid Henry | 꼬마악동 헨리의 엉뚱하고 흥미진진한 일상. 아이들이 최고로 좋아하는 스테디셀러. |
| 8 | Franny K stain | 프레니의 엉뚱한 과학실험을 다룬 책. 번역본으로도 소개되어 있다. |
| 9 | Judy Blume | 티격태격 남매의 좌충우돌 일상 이야기. |
| 10 | Roald Dahl | 《찰리와 초콜릿 공장》으로 유명한 로알드 달 시리즈. 재미를 넘어 읽기 능력을 한 차원 높여준다. |

# 3장

# 아이들이 '오고 싶은' 공부방을 만들어라

먼저 자신과 가족 그리고 나를 믿고 공부하러 오는 아이들을 만족시킬 수 있는 것이 무엇인지 생각해보라. 스스로가 "이건 나만 할 수 있는 서비스야! 전략이야!"라고 느낀다면, 다른 이들에게도 반드시 최고의 프로그램과 시스템으로 느껴질 것이다. 그래서 나는 누구와도 경쟁하지 않는다. 다만 배울 뿐이다.

# 공부방 같지 않은 공부방에 도전하다

"너는 공부방 한다면서 대기업 사장님보다 더 바쁜 것 같아!"

내 친구들이나 가족, 나를 아는 모든 이들의 한결같은 반응이다. 그렇다. 나는 늘 바빴다. 영어도서관이라는 이름으로 공부방을 시작하면서부터 늘 그랬다. 학생 수가 많아서만은 아니다. 학생 한 명이 책을 읽을 때도, 아무도 없을 때도 나는 언제나 분주했다. '다음에는 뭘 가르쳐줄까?', '어떻게 해야 아이들이 좀 더 책을 재미있고 편하게 읽을 수 있을까?' 끝없이 고민했기 때문이다. 게다가 공부방을 성공적으로 운영하려면 잘 가르치는 것 못지않게 특화된 시스템과 프로그램을 갖출 수 있도록 끊임없이 노력해야 한다.

좀 더 거창하게 표현하자면 교육의 패러다임이 바뀌고 있기 때문인지도 모른다. 요즘 엄마들은 누구보다 똑똑하고 신중하다. 아이가 학교 다녀오면 가방 내려놓고 가는 곳이 과거의 보습학원이었다면 이제는 달라졌다. 그렇다고 유명 대형학원만을 선호하는 것도 아니다. 학원의 프로그램과 커리큘럼에 아이를 맞추기보다, 우리 아이만을 위한 프로그램과 커리큘럼을 원한다. 그러한 경향에 따라 학원도 소수정원제를 도입한 곳이 많아졌다. 학원의 진도를 따라가는 아이들이 평균적으로 30% 정도 된다고 하니, 자기 아이가 나머지 70%에 속해 들러리 역할을 하는 데 더 이상 만족하지 않는 것이다.

그래서 등장한 것이 자기주도학습, 일대일 코칭학습이다. 대형학원, 중소형 학원 할 것 없이 원생 수가 반으로 줄고 문을 닫는 학원들이 속출하고 있다. 물론 경기침체도 원인이 되겠으나, 방과 후 수업의 증가, 집에서 가깝고 학원과 비교해 상대적으로 저렴한 소형 보습학원이나 공부방을 선호하는 경향이 높아졌기 때문이다. 또한 중학생이나 고등학생과 달리 초등학생의 경우에는 학습 진도를 얼마나 나가느냐보다 올바른 공부습관을 심어줌으로써 혼자서 공부하는 자세를 갖게 하는 것이 중요하다고 깨닫기 시작했다.

키즈엔리딩 역시 이러한 기조로 운영된다. 책 읽기를 통해 영어에 자연스럽게 재미를 붙이며 영어실력을 쌓는 데 중점을 두고 있다. 열심히 학원을 다녔지만 영어로 대화 한마디 못하는 부모세대가 자신의 부끄러운 경험을 바탕으로 빚어낸 결과다. 똑똑해진 부모들은 이제 아이가 어떻게 공부할 때 최대의 효과를 거둘 수 있는지 알아보기 시작했다. 그런 측면에서 공부방 시스템은 앞으로 더 많이 보게 될 것이다.

여기에 대형학원에서 독립한 뛰어난 티칭 능력을 겸비한 강사들까지 공부방에 합세하면, 경쟁은 더욱 치열해질 것이다. 아이와 학부모들이 느끼는 공부방 최고의 장점은 바로 '원장 직강'이다. 공부방에서는 선생님 한 명만 가르칠 수 있다는 현행 법규에 따라 원장이 아이들을 직접 가르치므로, 소수 정예가 아니면 할 수 없는 것이 바로 공부방이기 때문이다. 따라서 공부방 원장은 학원 원장보다 아이들에 대해 그만큼 잘 알 수밖에 없다. 아이의 성격, 학습능력, 의지, 과제물 평가까지, 엄마보다도 더 정확하고 객관적인 평가가 가능할 정도다. 엄마는 평가와 비교의 대상이 형제나 자매밖에 없지만, 선생님은 여러 학생들을 지도하기에 아이가 어느 정도의 수준인지 어떻게 지도해야 하는지 정확히 파악하는 것도 공부방의 장점이다. 공부방과 소형 학원에 대한 의존도가 예전에 비해 현저하게 높아진 이유다. 그렇다고 마냥 좋아할 수만은 없다. 경쟁이 치열해진 만큼 살아남기 위해 몇 배는 더 노력을 기울여야 하기 때문이다. 또한 학부모와 학생의 기대와 믿음이 높아진 만큼 이제는 공부방도 완벽하게 차별화된 시스템과 프로그램으로 철저히 무장해야 한다. 그러려면 단순한 공부방 선생님이라는 생각에서 벗어나 전문경영인과 능력 있는 선생님의 역할을 동시에 하는 멀티플레이어가 되어야 한다. 그리고 멀티플레이어가 되려면 아주 사소한 것까지 놓치지 말아야 한다.

나는 학생이 한 명일 때도 아침 일찍 일어나 가장 선생님다운 옷을 찾아 입고 학생을 기다렸다. 교육청에는 공부방이라고 등록했지만 항상 전화가 울리면 "아아!! 음음!!" 하면서 목소리를 가다듬은 후, "안녕하세요. 영어도서관입니다."라고 가장 예쁘고 친절한 목소리로 전화를 받았다. 처음에는 "거기 영어공부방이죠?"라고 묻는 사람들이 많았는데 내가 계속해서 "영어도서관입니다." 하며 아이들 앞에서도 영어도서관이라는 말을 썼더니, 어느 순간부터 아이들도 영어도서관이라 부르기 시작했다. 부모님들도 "거기, 영어도서관이죠."라고 전화를 걸어오기 시작했다. 호칭에는 힘이 있고 에너지가 있다. 아무것도 아닌 것 같지만 호칭에 따라 브랜드 이미지는 크게 달라진다.

물론 애로사항도 있었다. 처음부터 영어도서관이라고 부르니 말 그대로 영어도서관의 기능만 하는 곳이라고 알려진 것이다. '책을 읽는 장소' 내지는 '책을 빌릴 수 있는 곳'이라고만 인식되었다. 그런데 그즈음 일대일 리딩 프로그램과 영어책 읽기를 돕는 스토리영문법을 개발하면서 전문적인 리딩 멘토로서의 역할을 부각시키는 상호가 절실히 필요했다. 그래서 '키즈엔리딩'이라는 브랜드를 만들게 된 것이다. 각 분원의 선생님들도 원장님이라고 부르기 시작했다.

'자리가 사람을 만든다'는 말이 있지 않은가. 나는 원장님이라는 호칭을 붙여주면서 선생님들에게도 그에 걸맞은 행동을 요구하기 시작했고, 원장이 있는 공부방은 전문적인 리딩센터로 거듭나게 되었다.

하지만 그에 앞서 교육이 시급했다. 물론 키즈엔리딩을 오픈하기 전에 프로그램과 본원 연수를 했지만, 계속해서 업그레이드해야 할 필요성을 절감했다. 대부분의 원장님들이 집에 키즈엔리딩을 오픈했기에 더 전문적인 교육이 필요했다. 집이라는 공간은 자칫 느슨해질 수 있기 때문이다. 결국 각 분원 원장님들을 모아놓고 재교육을 하기 시작했다. 선생님들 역시 처음에는 그냥 평범한 공부방으로 생각하고 키즈엔리딩을 시작했다가 다른 공부방과 차별화된 서비스 교육, 동기부여를 위한 이벤트 등을 배우면서 점점 달라지기 시작했다. 모든 분원이 점점 전문성을 띠면서 말 한마디, 프로그램 하나, 그리고 선생님들의 표정과 옷차림까지 달라지기 시작했다.

　오늘도 나는 강조한다. "원장 선생님들. 집에서 생선 굽지 마세요. 대신 좋은 오메가3 사서 드세요."라고 말이다. 가장 중요한 것은 학생들이 키즈엔리딩에 들어섰을 때 책을 읽고 싶은 마음이 들게 하는 것이다. 책을 읽으려고 왔는데 생선 냄새부터 맡게 하는 것은 학생에 대한, 고객에 대한 예의가 아니다. 어쩌면 학생에게 쾌적한 환경을 제공하는 것이야말로 성공적인 공부방 경영의 시작일 것이다.

# 공부방의 경쟁자는 공부방이 아니다

'가장 한국적인 것이 세계적인 것이다'라는 말이 있다. 나는 이 말에 전적으로 동감한다. 차별화에는 가장 '나다운' 것을 어필하는 것이 효과적이다.

얼마 전 상암 본원의 이은경 선생님과 홍콩으로 여행을 갔다. 첫 홍콩여행에 얼마나 설렜는지 공항에 내려서 버스를 타면서부터 탄성을 질러가며 사진을 찍기 시작했다. 홍콩이나 서울이나 도시의 풍경은 다를 게 없지만 좁은 땅덩어리에 사람이 그렇게 많이 사는 것도 신기하고, 다닥다닥 붙어 있는 건물도, 그 건물에 걸려 있는 커다란 광고판도 신기해 보였다. 서울과 비교하면 크게 다를 것도 특별히 더 좋을 것도 없는데 계속 사진을 찍었던 이유는 바로 서울이 아니라 홍콩이라는 이유였다. 서울의 연남동이나 동교동에 가면 외국 관광객들을 가득 실은 버스가 삼계탕 집 앞에 줄줄이 주차된 모습을 볼 수 있다. 일본, 중국, 동남아 관광객들이 삼계탕을 먹고 삼삼오오 서울의 후미진 뒷골목에서 편의점이나 부동산 간판을 배경으로 하여 브이자를 그리며 사진을 찍는 것도 결국 서울이기 때문이다. 그런데 간혹 안타까울 때가 있다. 세계 곳곳의 여행객이 서울에 오는 이유는 서울다움, 한국적인 것을 보러 오는 것인데, 서울의 전통적인 특색을 살리기보다 선진국의 발전상만 쫓는 모습에 한 명의 여행자로써 살짝 아쉬움을 느낀다.

키즈엔리딩을 운영할 때도 마찬가지였다. 나다운 일을 하는 것이 내가 할 수 있는 최고의 차별화 전략이라 믿었다. 그래서 이 일을 시작할 때 같은 일을 하는 경쟁자들을 염두에 두지 않았다. 집에 공부방을 차려서 아이들에게 영어책 읽기를 지도하는 나의 교육에 자신이 있었기 때문에, 내가 사는 지역에 공부방, 혹은 학원이 몇 개 있는지, 또 그곳에서는 어떤 시스템으로 가르치고 있는지 전혀 조사해보지 않았다. 전혀 궁금하지도 않았고 알아볼 생각도 하지 않았다. 다만 내가 제일 잘하는 것을 하면 된다고 믿었다.

당시 내게는 형석이가 읽었던 영어동화책 100권이 있었고, 아이들에게 영어책 읽기가 어떤 어학연수나 공부보다 효과적이라고 자신했기에 학생이 몇 명이나 모일지, 이 시스템이 부모들에게 어필할지에 대해 고민할 여유도 없었고 그럴 생각조차 없었다. 영어책 읽기에 대한 자신감 외에는 아무런 생각 없이(?) 시작한 일이었기에 어찌 보면 알아서 흘러가는 대로 두었다는 표현이 맞을지도 모르겠다. 아이들이 빌려간 책을 제대로 읽지 않아서 우리 집 베란다에 매트를 깔아 책을 읽게 했더니, 최고로 아늑한 공간이라며 그 자리를 차지하려는 대기자가 생길 만큼 히트를 쳤다.

비 오는 날이면 아이들이 더 피곤해 하는 것 같아서 이불을 펴주고 엎드려서 책을 읽게 했더니 세상에서 가장 편안한 도서관이라 불러주었고, 따뜻한 봄날 아이들을 데리고 공원에 나가 영어책만 읽었을 뿐인데 키즈엔리딩만의 '리딩피크닉'이 탄생되었다. 이 모든 것들이 내가 현재 할 수 있는 것부터 조금씩 바꾼 것뿐인데, 결과적으로는 나만의 차별화된 시스템과 프로그램이 되었고 어느덧 키즈엔리딩이라는 브랜드까지 만들어진 것이다.


실은 모두가 눈치 채지 못하는 반전이 있다. 처음에는 거실에 아이들이 전부 앉을 수 없어서 베란다에 자리를 만들었는데, 아이들이 베란다에서 어떻게 책을 읽느냐며 들어가기를 싫어했다. 그래서 궁여지책으로 칙칙하고 차가운 베란다에 예쁜 쿠션과 스탠드를 놓아 편안하게 책 읽을 분위기를 만들어주었다. 그리고 이곳은 자리가 많지 않아 예약제로 운영된다고 공표했다. 실제로도 그렇게 운영되었다. 18층에서 공부방을 할 때도 마찬가지였다. 아이들이 많아서 거실에 앉을 자리가 부족했는데 몇몇 아이들은 역시 베란다에 앉아서 책 읽기를 꺼려

했다. 그때 내가 낸 아이디어가 바로 '물 한잔의 서비스와 함께 초고층 스카이라운지를 이용하실 분은 신청하세요'라는 문구였다. 이 말을 내건 다음부터 그 자리에 앉기 위해 아이들이 일찍 와서 기다리고 있을 만큼, 베란다는 하루아침에 인기 있는 자리로 돌변했다.

리딩피크닉은 아이들이 매일 같은 방식의 책 읽기를 지루해하자 한 선생님이 낸 아이디어다. 거창하게 도시락을 쌀 필요도 없고 멀리 차를 타고 가지 않아도 된다. 그냥 책만 들고 아파트 정자에 편안하게 앉아서 책을 읽으면 되는 것이다. 거기에 리딩피크닉이라는 이름만 멋지게 붙여준 것뿐이다. 그 행사에 참여하려면 초대권이 있어야 했는데 한 달 동안 정해진 목표만큼 책을 읽은 사람에게만 초대권을 주니, 모든 아이들이 자신이 목표한 책을 전부 읽겠다고 나섰다. 내가 한 일은 초대권을 받고 아파트 정자에 과자를 사다두고 아이들에게 책을 읽게 한 것뿐이다. 하지만 그로 인해 아이들은 책 읽기에 더욱 재미를 붙이게 되었다. 도대체 키즈엔리딩에 뭐가 있기에 아이들이 저렇게 책을 열심히 읽느냐고 부모님들이 의아해 할 정도로 말이다.

대부분의 영어학원과 공부방이 영어를 어려운 시험처럼 가르칠 때, 나는 내가 할 수 있는 것과 원하는 것을 토대로 시스템과 프로그램을 세분화했다. 초등학교 아이들의 수준에 맞춰 재미있고 편안하게 책을 읽힌다니, 더불어 동기부여를 하여 스스로 책 읽는 습관을 길러준다니, 영어는 꼭 열심히 문제를 풀고 단어를 외우며 배우는 거라고 고집하던 엄마들까지 키즈엔리딩을 찾게 되었다.

영어를 열심히 공부해야 하는 것은 맞다. 몇 년도 아니고 평생토록 공부해야 한다. 그렇다고 어릴 적부터 죽어라고 영어 공부할 필요는 없다. 실제 20년 넘게 영어를 배웠는데 외국인 앞에서 인사 한마디 하려면 긴장부터 하는 이들이 많지 않은가. 괜히 초등학교 때부터 힘들게 배우느라 영어에 대한 자신감은커녕 적대감만 갖게 하느니, 초등학교 때는 즐겁게 영어책만 읽히고 심화학습은 나중에 해도 충분하다고 믿는 부모님들이 점점 늘어나기 시작했다.

매일같이 영어책을 읽게 된 아이들은 책 읽는 습관과 집중력을 키운 덕분에 다른 과목에까지 자신감을 갖게 되었다. 그렇다고 키즈엔리딩이 정답이라는 것은 아니다. 모든 아이들이 다 키즈엔리딩에 와야 한다고도 생각지 않는다. 다만 이런 시스템과 프로그램을 원하는 친구들과 엄마들이 반드시 있을 거라 믿었고, 일반 학원에 다니는 학생들의 10%만이라도 키즈엔리딩에 온다면 대단한 성공이라 생각했다. 나의 예상은 적중했다. 발상의 전환이 차별화를 이뤄낸 것이다.

**차별화는 있어도 차별화된 인테리어는 없다**

키즈엔리딩 인테리어 역시 이러한 맥락이다. 간혹 가맹점을 모집하는 프랜차이즈 본사의 전단지를 보고 있노라면 꼭 빠지지 않는 말이 있다. '차별화된 인테리어'라는 표현이다. 그럴 때마다 나는 차별화된 인테리어라면서 똑같은 분위기를 가진 커피숍이나 맥주집을 왜 수십, 수백 개나 만드는지 의문스럽기만 하다. 컨셉은 같을 수 있지만 프랜차이즈라고 꼭 모든 지점의 인테리어가 동일하리라는 법은 없지 않은가.

혹자는 이제 키즈엔리딩도 지점이 늘어났으니 인테리어 업체와 계약해서 통일된 인테리어를 갖춰야 본사가 꾸준한 수익을 창출할 수 있다고 충고한다. 하지만 내 생각은 다르다. 키즈엔리딩이 영어 리딩이라는 동일한 방식으로 아이들에게 책 읽기를 지도하고 있지만, 선생님들 입장에서는 각자의 집에다 오픈하기 때문에 각 분원마다 사정과 상황은 다르다. 어떤 집은 20평대에 4명이 살기도 하고, 어떤 집은 30평대에 3명이 살기도 하고, 또 어떤 집은 부모님을 모시고 살면서 오픈하는 경우도 있기 때문에 획일화된 인테리어는 적합하지 않다.

하나 덧붙이자면 가족들을 생각해서라도 집이라는 공간에 획일화된 인테리어를 적용하는 것은 무리라는 생각이다. 키즈엔리딩이라는 공부방을 오픈해 아이들을 지도하는 것도 중요하지만, 그보다 중요한 것은 가족의 행복이다. 같은 집에 사는 가족 구성원의 행복을 고려한 인테리어와 구조가 되어야 가르치는 선생님도 행복하고, 선생님의 기분이 좋아야 책을 읽으러 오는 아이들에게도 편안한 분위기가 전해진다. 획일화된, 상업화된 인테리어를 적용한다면 당장 수익이야 날지 몰라도 장기적으로는 그리 바람직하지 못하다.

그래서 처음 공부방을 창업할 때는 반드시 가족 구성원과 관련된 요소를 체크해야 한다. 집이 몇 평인지, 그 공간에 몇 명이 살고 있는지, 가족이 불편함을 느낄 수 있는 요소가 무엇인지를 고려해 공간을 꾸미는 것이 중요하다.

키즈엔리딩과 같은 리딩 공부방의 경우 거실은 책을 두는 도서관식으로 꾸미고 방 하나는 교실로 쓰는 것이 일반적인데, 얼마 전 방 두 개에 초등학생 자매를 둔 집이 오픈 상담을 해왔다. 그런데 선생님은 반드시 거실과 방 하나를 써야만 하는 줄 알고 온 가족이 방 하나를 함께 쓰겠다는 제안을 해왔다. 나는 아이들도 이제 점점 클 텐데 안방에서 네 식구가 생활하려면 모두 힘들어질 수 있으니, 장기적으로 봐서 차라리 거실만 오픈하자고 제안하였다. 대신 코칭 테이블은 주방의 식탁을 이용했고 거실에서 책도 읽고 아이들도 지도했더니 아이들도 남편도 만족하는 행복한 공간이 되었다. 처음에는 집이 좁아서 공부방을 열 수 있을까 고민하던 경우였는데 지금은 대기자를 받아야 하는 상황이 되었다.

이처럼 처음 공부방을 창업하려는 분들 중에는 매출 때문에 가족을 고려하지 않고 무리하게 계획을 짜는 경우가 많다. 한번은 방 3개에 중고생 남자아이 둘을 둔 집이 상담을 해왔는데, 선생님은 아이들 둘이 방을 같이 쓰게 하고 방 하나와 거실을 공부방으로 쓰려고 계획하고 있었다. 나중에 물어보니 아이들이 공부를 따로 할 수 있는 공간을 강력히 원해 급히 계획을 변경하게 되었다. 안방은 선생님 부부, 나머지 두 방을 아이들의 공부방과 침실로 각각 쓰고 주방과 거실만 키즈엔리딩으로 오픈한 것이다. 주방은 코칭 공간으로 거실은 도서관으로 꾸미니 아이들도 좋아하고 남편도 대만족이었다고 한다. 선생님은 공부방을 열게 된 것도 기뻤지만 결혼해서 처음으로 책을 읽는 남편의 모습을 볼 때마다 너무도 행복하다고 한다.

딱 잘라 말하자면, 키즈엔리딩에 차별화된 인테리어란 없다. 수업용 칠판, 책을 꽂을 책장, 그리고 책상과 의자 등 기본적인 물품만 있으면 나머지는 각 분원 선생님의 개성에 맞게 꾸며진다. 개개인의 취향에 맡겨두니 북유럽식 카페, 아늑한 도서관, 귀여운 숲속 이미지 등, 자신이 원하는 특유의 분위기를 잘 살린 키즈엔리딩을 방문할 때면 탄성이 절로 나온다. 사정상 자신의 집에는 하지 못하더라도 다른 집에 잘 어울릴 만한 인테리어 아이디어를 제공하거나 공유하는 것도 소소한 즐거움 중 하나다. 처음에는 집에서 공부방을 한다니 괜히 집만 어수선해지는 것 아니냐며 반대하던 남편들도, 집이 북카페 식의 분위기 있는 공부방이 되어가고 수입도 발생하자 이제는 알아서 집안일도 돕고 책도 읽는다고 한다. 이런 이야기를 듣다 보면 가정의 화목한 분위기에도 일조한 것 같아 마음이 뿌듯해진다.

다들 차별화가 중요하다고들 하지만, 알고 보면 차별화를 하는 데 대단한 마케팅 프로그램이나 거창한 광고는 필요치 않다. 누구라도 할 수 있지만 하지 않았던 것, 못했던 것에 자신만의 생각과 개성을 입힌 것이 바로 차별화된 프로그램이고 시스템이며 브랜드다. 먼저 자신과 가족 그리고 나를 믿고 공부하러 오는 아이들을 만족시킬 수 있는 것이 무엇인지 생각해보자. 스스로가 "이건 나만 할 수 있는 서비스야! 전략이야!"라고 느낀다면, 다른 이들에게도 반드시 최고의 프로그램과 시스템으로 느껴질 것이다.

나와 우리 가족이 제일 좋아하는 인테리어로 무장하고 내가 가장 자신 있는 서비스로 이웃나라 왕자 공주님들을 기쁘게 맞이하여 행복하고 느긋하게 책을 읽히자. 이것이 바로 내가 생각하는, 모두들 부러워하는 공부방 여왕의 차별화 전략이다. 그래서 나는 누구와도 경쟁하지 않는다. 다만 배울 뿐이다.

# 공부방의 얼굴, 카페와 블로그로 홍보하라

아이들에게 정성을 다하고 열심히 가르치면 특별히 홍보하지 않아도 소문이 난다지만, 그래도 빼놓을 수 없는 것이 홍보다. 아니, 본격적인 입소문이 나기 전까지는 홍보가 공부방의 성패를 좌우한다 해도 과언이 아니다. 나는 공부방을 시작하면서부터 네이버에서 온라인 카페를 운영하기 시작했다. 요즘은 다행히 마음만 먹으면 컴맹이 아닌 다음에야 온라인 커뮤니티 정도는 쉽게 만들 수 있다. 게다가 많은 돈을 들여 홈페이지를 운영하는 것보다 훨씬 더 효율적으로 운영할 수도 있다. 뉴질랜드에서 스쿨캠프를 운영할 때 특별히 제작비를 들여 홈페이지를 만들었지만, 내가 원하는 대로 게시판을 만들거나 사진이나 동영상을 올리거나 새로운 용도나 디자인을 추가할 때마다 매번 사이트

관리자의 도움을 받아야만 했다. 불편한 것은 물론이요, 그 비용 또한 만만치 않았다.

반면 카페와 블로그는 만드는 데 돈이 드는 것도 아니고 나의 개성과 의도를 충분히 반영할 수 있는 데다, 태그만 잊지 않고 잘 달아주면 검색이 잘되어 새로운 고객들을 유입시키는 데도 돈 들여 만든 사이트보다 훨씬 효과적이었다.

처음 카페를 만든 이유는 아이들의 책 읽기 숙제를 부모님들과 공유하려는 취지였다. 의도적인 건 아니었지만 매일매일 숙제에 대한 평가를 쓰거나 댓글을 다는 와중에, 어느새 나의 교육 마인드나 기법이 차곡차곡 쌓여갔다. 이러한 자료가 체계적이고 차별적인 리딩 프로그램을 만드는 데 결정적인 역할을 한 것은 물론이다. 더불어 공지사항, 이벤트, 이 달의 우수 학생, 부모님과 학생에 보내는 감사의 글들, 그리고 각종 교육정보 등 시시콜콜한 내용까지 올리게 되었다.

그러다 보니 생각지 못했던 일이 생겼는데 나의 카페를 지켜보다가 먼 곳에서도 나를 찾아온 선생님들이 생겨난 것이다. 한두 개씩 키즈엔리딩 분원이 늘어나게 된 결정적인 이유다. 처음부터 돈 들여 광고를 하거나 홍보를 하지 않았음에도 카페만 보고 나를 찾아온 분들이 정말 신기하고 고마웠다.

아마 세련되고 보기 좋게 꾸민 홈페이지였다면 나의 이러한 진심이 전부 전달되지 않았을지도 모르겠다. 키즈엔리딩 아이들이 행복해 하며 책을 읽는 모습과 그렇게 되기까지의 과정들이 고스란히 담긴 블로

그는 단기간에 만든 멋진 사이트보다 몇 배의 위력을 발휘한다. 오랜 시간 아이들과 고민하고 머리를 맞댄 흔적들이 곳곳에서 느껴져서 자신도 이런 공부방을 하고 싶다며 찾아오는 분들이 여전히 적지 않다. 이런 느낌은 단기간에 만들어지기 어렵다. 처음에는 어딘지 모르게 어수룩하고 비전문가적이었던 블로그가 점점 발전하는 모습이 고객의 믿음을 얻는 데 큰 몫을 했으리라 믿는다.

과거에도 이와 비슷한 경험이 있었다. 아이와 뉴질랜드에서 6개월을 보낸 후 어느 포털 사이트 카페에 당시의 생활에 대한 칼럼을 연재한 적이 있다. 특별히 글재주가 있는 것도 아니어서 그날그날의 일을 일기 형식으로 쓴 게 전부였고, 그 사실을 까맣게 잊고 있었다. 그런데 뉴질랜드에서 첫 캠프를 열기 위해 한국에 돌아와 친구의 음악학원에 홍보하러 갔는데, 갑자기 한 엄마가 "혹시 예전에 뉴질랜드 이야기를 올리신 분 아닌가요?" 하며 반갑게 아는 척을 하는 게 아닌가. 그러더니 아들을 데리고 뉴질랜드에서 고생했던 이야기를 정말 재미있게 읽었다며 처음으로 시작한 캠프에 두 아들을 믿고 맡겨주셨다. 경험도 없는 엄마가 무작정 아이들을 데리고 캠프를 연다니 다들 그리 믿음직스럽지 못한 눈길을 보내던 상황에서 그 어머니만 나의 전문성을 알아본 것은 아니었을 것이다. 내가 뉴질랜드에서 이런저런 어려움을 잘 극복하며 처음 만나는 사람들과도 잘 어울리는 모습, 나의 진정성과 열정을 보고 아이를 맡겼을 가능성이 크다. 덕분에 나는 첫 캠프에서 아이들을 수월하게 모집할 수 있었다. 재미 삼아 올렸던 나의 일기가 톡톡히 효과를 본 셈이다.

그러니 글 한 편 쓰는 데, 사진 몇 장 올리는 데 많은 시간이 걸린다고 해서, 어쩐지 미숙해 보인다고 해서 등한시해서는 안 된다. 세련되지 않아도, 투박하고 어설프다 해도 진심이 담겨져 있다면 고객은 당신의 글에 충분히 반응할 것이다.

블로그나 카페가 홍보에 중요한 건 알지만 대체 무얼 쓰면 좋을지 모르겠다고 하소연하는 선생님들도 있다. 꼭 거창한 이야기를 쓸 필요도 없다. 처음엔 아이들의 공부하는 사진을 찍어 올린 후 그 사진이나 상황에 대해 짧은 설명의 글을 올리는 것부터 시작하자. 부모님들은 아이들을 보내놓고 어떻게 공부하는지, 어떤 모습으로 책을 읽는지 궁금했을 텐데, 아이들의 공부하는 사진을 찍어 올려주니 안심하는 것은 물론 강한 믿음을 품을 수밖에. 그렇게 짧은 글을 계속적으로 올리다 보면 자신도 모르게 자신의 교육철학과 프로그램에 대한 소개글이 생겨나게 된다. 처음과 달리 긴 분량의 글을 능숙하게 쓸 수 있는 것도 하나의 수확이다.

처음에는 카페 형식에 맞춰 사진 한 장 올리는 데 쩔쩔매던 선생님들도 이제는 어느덧 포토샵에 액자 처리까지 해서 준전문가 수준으로 사진을 올린다. 단 그렇게 될 때까지는 반 년 정도 시간이 걸리니 조급하게 생각 말고 도전하는 것이 중요하다.

## 온라인 이벤트, 공부와 재미를 잡아라

카페나 블로그는 부모님들과 쌍방향 소통을 할 수 있다는 점에서도 매우 유익하다. 얼굴을 보고 하는 칭찬이 왠지 쑥스러운 것과 달리, 인터넷에 올라오는 따뜻한 감사와 격려의 댓글은 사람을 감동시키는 묘한 매력이 있다. 이 댓글을 통해 다 함께 참여할 수 있는 이벤트를 기획한 적도 있다. 여름방학을 맞은 학생들을 위한 행사였는데, 아이들과 엄마들의 자발적인 참여로 놀라운 기록을 만들어냈다. 여름방학이 길긴 하지만 늦잠을 자는 대신 아이들에게 아침 일찍부터 영어책을 읽히고 싶었던 나는, 아침에 일어나는 시간을 스스로 정해 그 시간에 책 읽는 모습을 매일 카톡이나 카페에 올리자는 이벤트를 발표했다. 결론부터 말하자면 결과는 대만족이었다.

'엄마들에게 부담을 주는 건 아닐까?', '아이들이 힘들어 하진 않을까?', '과연 방학 동안 얼마나 많은 아이들이 끝까지 자신과의 약속을 지킬까?' 이런저런 걱정이 앞섰지만 모든 것은 쓸데없는 걱정일 뿐이었다. 여름방학 첫 날부터 내 카톡과 카페에는 아침 일찍 일어나 책 읽는 아이들의 모습이 올라오기 시작했다. 자다가 부스스한 모습으로 책을 읽는 모습, 바닷가나 캠핑장에서 책을 읽는 모습, 할머니 댁에 놀러가서도 책을 읽는 모습, 바닷가 기분을 내기 위해 집에다 돗자리를 깔아놓고 선글라스에 수영복 차림으로 책을 읽는 모습 등, 지구 어디에서도 찾아볼 수 없을 만큼 행복해 보이는 모습들이 계속해서 올라왔다. 부모님과 선생님들은 아이들 사진에 적극적으로 칭찬의 댓글을 달아 끝까지 미션을 수행할 수 있도록 의욕을 북돋워주었다.

미션을 수행하던 중간에는 읽고 있는 시간을 확인하기 위해 사진에 시간을 표기해달라고 했더니, 커다란 벽시계를 옆에 끼고 책을 읽거나 엄마의 휴대폰 시간을 보여주는 등 생각지도 못한 기발한 아이디어가 이어져 신나고 보람 있는 이벤트를 만끽하게 되었다. 그 후 우리에게는 또 하나의 문화가 생겼는데 바로 '키리아리'라는 그룹의 탄생이다. '키리아리'란 '키즈엔리딩 아침형 리더'의 줄임말로, 또 다른 문화를 통해 아이들끼리 뭉치는 계기가 되었다.

온라인 카페처럼 모두가 모일 수 있는 공간이 없었더라면, 이런 이벤트는 상상도 하지 못했을 것이다. 물론 카페나 블로그를 운영하려면 많은 시간과 에너지가 요구된다. 일시적인 이벤트의 성공으로 카페가 활성화되는 것이 아니기에, 고객들을 계속해서 카페에 참여시키려면 꾸준한 관리와 창의적인 아이디어가 필요하다.

처음 공부방을 열 때는 카페와 블로그에 계속해서 글을 올리다가 학생 수가 전부 채워지면 글 올리는 것을 소홀히 하는 선생님들도 있다. 하지만 그렇게 방치해둘 거라면 처음부터 시작하지 않는 편이 낫다. 카페 관리 하나도 끝까지 못하는 사람에게 어떻게 아이들을 믿고 맡긴단 말인가. 아이들을 가르치는 것도 중요하지만 부모님들에게 아이들이 공부하는 모습을 꾸준히 알리는 것도, 공부방 원장이 반드시 챙겨야 할 부분이다. 이런 활동은 현재의 학생들뿐 아니라 앞으로 나를 찾아올 학생들에 대한 서비스이기도 하다. 아이들 가르치랴 상담하랴 배우랴 몸이 열 개라도 부족한 선생님들에게 카페 관리까지 하라니 너무 무리가 아니냐는 불평이 벌써부터 들리는 듯하지만, 카페나 블로그에 올리는 게시글 하나가 어떠한 유료광고보다 가치 있다는 것을 실감한 다면 결코 그러한 불평을 하지 못할 것이다. 나는 선생님들은 물론 상 담을 하러 오는 모든 분들에게 게시글 하나가 적어도 100만 원 이상의 가치를 갖는다고 강조한다.

전국의 수많은 공부방 선생님들이 카페나 블로그 관리의 중요성을 모르지는 않을 것이다. 다만 필요성을 느끼면서도 바쁘다는 이유로 미 뤄두는 것이다. 당장 글을 올려 100만 원이 생긴다면 모를까, 불확실 한 미래에 시간을 쓰기보다 더 빨리 처리해야 할 일들이 쌓여 있기 때 문이다. 그러나 주저하지 말고 조금만 짬을 내어 투자하자. 소통과 자 기발전이라는 면에서도 중요하다. 아무래도 공부방을 하다 보면 아이 들과 주로 지내다 보니 세상과 소통할 시간을 갖거나 자기 발전의 기 회를 얻기 어려운 것도 사실이다. 그러한 측면에서 고객 서비스 외에 스스로 발전하고 진화하는 기회가 된다는 점에서도 더할 나위 없는 가 치를 선사해줄 것이다. 또한 남의 글에 달아주는 친절한 댓글은 게시 판의 가치를 높여줄 뿐 아니라, 든든한 이자가 되어 돌아온다는 것도 잊지 말자.

# 눈에 '보이는' 동기부여를 선물하라

공부방은 아이들을 가르치는 곳이기도 하지만, 아이들이 스스로 알아서 공부하게 만드는 곳이기도 하다. 게다가 자율적인 책 읽기가 키즈엔리딩의 방침이다 보니 종종 이러한 질문을 받는다. "잘 가르치는 게 중요한가요, 배우고 싶은 마음이 들게 하는 게 중요한가요?"

물론 둘 다 중요하지만 나는 배우고 싶은 마음이 들게 하는 게 먼저라고 믿는다. 장기적으로 볼 때 학습능력이 있는 친구들보다 학습의욕이 있는 친구들이 공부를 더 잘하는 걸 보면 말이다. 그래서 원장 교육을 할 때도 "무조건 책을 읽게 하지 말고 동기부여를 먼저 하라."고 늘 강조한다. 하지만 어떻게 가르쳐야 실력이 눈에 띄게 오를지를 먼저 고민하는 선생님들을 볼 때마다, 동기부여의 중요성에 대해 심각하게 생각지 않는 것 같아 안타깝기만 하다.

영어책을 읽을 때도 동기부여가 중요하다. 한글책을 많이 읽은 아이는 영어책을 처음 읽더라도 CD의 소리와 문자, 그림 등을 통해 전체적인 스토리를 자연스럽게 유추하지만, 그렇지 않은 경우에는 의미를 유추하는 능력이 상대적으로 낮아서 가만히 앉아 책을 읽기가 힘들다. 책을 읽기가 힘드니 흥미를 붙이기 어려운 것이다. 설령 선생님 눈치를 보느라 억지로 책상 앞에 앉아 있다 해도 재미가 없으니 집중하지 못하고, 물 마신다 화장실에 간다 하면서 들락날락 하기 일쑤다. 결국 그런 아이들은 재미를 붙이지 못해 몇 달도 다니지 못하고 그만두고 만다.

그렇다고 한글책을 많이 읽은 아이만 영어책을 읽어야 하는 것은 아니다. 작건 크건 꾸준하게 동기부여를 해주면 언젠가는 스스로 책을 읽게 되고 점차 습관이 들면서 책의 재미도 알게 된다.

이 아이들에게 단 몇 분이라도 의자에 앉아 있게 만드는 최고의 동기부여제가 바로 '스티커'다. 즉각적인 효과를 노리는 일회성 장치라는 이유로 일부에서는 스티커의 효능에 대해 부정적이지만, 나는 책을 읽히기 위해서라면 거침없이 스티커를 퍼주라고 선생님들에게 당부한다. 하나의 스티커로 한 권을 읽게 했다면 2장의 스티커로 두 권을, 3장의 스티커로는 세 권을 읽게 할 수 있다. 그렇게 해서라도 책 읽기 습관만 잡힌다면, 그렇게 해서라도 영어책 읽기의 재미를 알게 된다면, 스티커로 인해 스스로 책을 읽을 수만 있게 된다면, 스티커 1,000장, 만 장이 아까울까?

어떤 것이나 마찬가지겠지만 영어책 읽기처럼 짧은 시간에 효과가 드러나지 않는 것도 드물다. 몇 달 읽어서는 좀처럼 늘고 있다는 티가 나지 않는다. 적어도 일 년 이상 꾸준히 읽어야 영어책 읽기의 효과를 실감할 수 있다. 장단점은 있겠지만 적어도 꾸준히 책을 읽게 할 수 있 다는 점에서 스티커는 더없이 매력적인 동기부여제다.

요즘은 동네 커피숍에만 가도 쿠폰을 준다. 10잔을 마시면 한 잔을 무료로 주는데 마실 때마다 빈칸에 도장이 채워지는 걸 보면 얼마나 마음이 뿌듯한지 모른다. 10장을 채워 무료로 한 잔을 받았을 때의 성 취감이 나를 매번 같은 커피숍으로 이끄는 것처럼, 아이들도 책을 읽 을 때마다 스티커를 주면 정말 좋아한다. 스티커 100장을 모아봤자 매 달 받는 선물은 2,000원 남짓의 학용품이나 과자인데 말이다. 사실 이 정도 물건들은 아이들 스스로 얼마든지 살 수 있는데 매달 왜 그렇게 스티커를 받으려고 열심인지 이해가 되진 않지만, 내가 한 잔의 공짜 커피를 마시기 위해 커피 10잔을 돈 주고 사먹는 심리와 크게 다르지 않으리라.

다행스럽게도 처음 영어책을 읽는 아이들의 대부분은 스티커를 얻 기 위해 책을 읽는다 해도 과언이 아닐 만큼, 스티커 받는 것을 좋아 한다. 스티커 개수가 선생님이 자신을 인정하는 척도라고 생각하는 것이다.

어느 선생님은 스티커의 효과에 대해서 이런 의견을 말해주었다.

"학습 속도가 다른 아이들보다 조금 느린 4학년 남자아이가 있었어요. 숙제검사를 하면서 아이가 제일 잘하는 부분을 찾으려고 애썼지요. 그 아이는 가만히 앉아 책 읽는 건 좋아했지만, 정독을 하면서 소리 내어 여러 번 읽는 것은 너무도 귀찮아 했어요. 그런데 가만 보니 이 친구의 장점은 발음이더라고요. 그래서 스티커를 주면서 그 부분을 집중적으로 칭찬했지요. 그랬더니 스티커를 받으려고 그 숙제만큼은 정말 열심히 해오는 거예요. 다섯 번만 읽어도 될 것을 스무 번도 읽고 서른 번도 읽더라고요. 소리 내어 읽는 걸 싫어하던 아이가 자신감도 붙고 계속 인정받으니까 다른 과제 수행능력도 좋아지더라고요. 결국 잘하는 부분을 지속적으로 칭찬하고 일깨워주니 아이의 집중력도 높아졌어요. 이렇게 말로 칭찬하는 것도 중요하지만 스티커를 줌으로써 선생님의 마음을 눈으로 보여주는 것도 중요합니다. 전 그래서 스티커를 주는 것에 찬성입니다."

그렇다고 무턱대고 스티커를 주는 것도 정답은 아니다. 그렇다면 어떻게 스티커를 주어야 보다 효과적일까? 처음에는 10분에 한 번씩 CD 음원의 소리와 글자를 맞춰 정확히 읽으면, 칭찬의 의미로 스티커를 얼굴이나 손 등에 붙여주었다. 그러면서 점차 스티커를 주는 방식도 진화되었는데, 책을 읽은 시간, 책을 읽은 권 수, 반복해서 읽은 횟수만큼, 아니면 집에서 열심히 집중해서 읽은 것을 인정받아 부모님의 사인을 받아오면 스티커를 붙여주었다. 그랬더니 처음에는 100장, 많게는 1,000장의 스티커도 받는 아이들도 생겨났다. 그 많은 스티커를 다 어떻게 구입하느냐고 묻는 사람도 있을 것이다. 이것이 바로 고정관념이다. 스티커 100장을 꼭 붙여야 하는 것이 아니라 스티커 위에다 50개, 100개라고 써주어도 된다. 아이들에게는 스티커를 직접 붙이는 것보다 스티커의 개수가 중요하다는 사실을, 나도 수많은 스티커를 다 쓰고 난 후에야 알게 되었다. 상암 본원의 경우는 한 달에 만 개가 넘는 스티커를 받는 아이들도 많다.

스티커 붙이기는 계속 진화하고 있다. 몇몇 분원에서는 스티커 대신 플라스틱 코인을 주기도 하고 일정 금액의 코인이 모이면 마켓데이를 열어서 아이들이 모은 코인으로 원하는 선물을 직접 구입하게도 하니, 그중에는 선물을 받기 위해 열심히 책을 읽는 아이들이 있을지도 모른다. 하지만 그러면 어떠랴. 나쁜 일을 시키는 것도 아니고 책 읽는 습관과 재미를 맛본다는 점에서 스티커는 최고의 동기부여라 할 수 있다.

물론 간혹 거짓으로 적어오는 아이도 있고, 스티커를 아무리 많이 준다 해도 놀다가 전혀 책을 읽지 않고 그냥 오는 아이도 있다. 하지만 어떤 이유로든 하루에 30~40분씩 책을 읽다 보면, 결국은 습관이 되고 책 읽기에 대한 자신감도 생기기 마련이다.

그런데 아이들이 책을 1,000권, 2,000권씩 읽게 되고 고학년에 올라가자 스티커로 계속해서 동기를 부여하는 데도 한계를 느끼게 되었다. 즉각적인 효과도 중요했지만 좀 더 미래지향적인(?) 동기부여가 필요했다. '무엇이 있을까?', '영어책 읽기에 끊임없이 도전하게 만들 만한 것이 무엇일까?' 아이들이 좋아할 만한 것이 무엇인지 유심히 살펴보다 포켓몬스터카드나 유희왕카드에 집착하는 것을 알게 되었다. 나는 여기서 힌트를 얻어 뱃지를 만들었다. 100권, 500권, 1,000권에 해당하는 뱃지를 만들어서 아이들이 가장 잘 들고 다니는 가방에 주렁주렁 달고 다니게 한 것이다. 그랬더니 사람들이 그걸 알아봐주기 시작했다.

"와, 너도 1,000권이나 읽었구나, 너는 벌써 2,000권이나 읽었네." 하는 반응에 아이들은 뱃지를 받기 위해 너도나도 정말 열심히 책을 읽었다. 옆집 아이가 읽은 권수에 엄마들이 반응하기 시작하니 홍보에도 독특한 효과를 발휘했다.

그러나 이대로만은 또 부족한 것 같아 아이들이 계속해서 책에 더 집중하게 만들 방법을 고민하다, 1,000권과 2,000권을 읽은 아이들만 가입할 수 있는 '1,000권 북클럽'과 '2,000권 북클럽'을 만들었다. 같은 권수를 읽은 아이들만 가입할 수 있는 북클럽을 만들어 원어민 선생님과 책에 대해 이야기하는 시간을 갖기도 하고, 책 읽기뿐 아니라 겨울에 썰매를 타러 가기도 하고, 파자마파티 초대권을 주어 밤새도록 신나게 놀기도 했다. 아이들에게 중요한 것은 원어민과 책에 대해 토론하는 것이 아니라 아무나 갈 수 없는, 즉 영어책 2,000권을 읽은 사람만 참여할 수 있는 행사에 참석했다는 사실이다. 이에 대한 자부심이 다시 3,000권 읽기에 도전할 수 있는 바탕이 되었음은 물론이다. 북클럽에 들어가지 못한 아이들은 이를 목표로 더욱더 책을 열심히 읽게 되었다.

어른들도 특별한 동기부여가 없으면 무언가를 위해 꾸준히 노력하기 힘든 법이거늘, 하물며 아이들은 어떻겠는가. 나는 아이들을 가르치면서 학습과 책 읽기에 동기부여가 얼마나 중요한지 깨닫게 되었고, 동기부여에는 아이들의 적절한 경쟁과 자극 그리고 약간의 보상이 따라야 함을 실감했다.

# 아이들을 '대접하는' 공간을 만들어라

아이들을 좋아하긴 하지만 늘 아이들을 상대하다 보면 가끔은 혼자 있고 싶을 때가 있다. 기분이 울적하다거나 혼자 조용히 글을 쓰고 싶을 때 내가 늘 찾는 곳은 바로 상수역 근처의 북카페다. 주말이면 아들 형석이와 함께 가서 차도 마시고 책도 읽고 글도 쓰는 곳인데, 특히 비 오는 날의 창가는 내가 제일 좋아하는 자리다. 남편은 집에서도 산이 한눈에 들어오는데, 게다가 편히 앉을 수 있는 큰 테이블도 있는데 굳이 돈을 주고 먼 곳까지 가는 이유를 잘 모르겠다며 못마땅하게 여긴다.

남편의 말이 틀린 것은 아니다. 하지만 커피가 유달리 맛있는 것도 아닌데, 엄밀히 말하자면 내가 그렇게 까다로운 것도 아닌데 그 카페에만 가면 집중도 잘되고 글도 잘 써진다. 그 이유가 뭘까 생각해보았더니 첫째는 분위기다. 마음을 가라앉혀주는, 내 신경을 흐트러트리지 않을 정도의 잔잔한 음악이 내가 고르지 않아도 계속 흘러나온다. 또 하나는 일하다 쉬고 싶으면 잡지나 책을 마음껏 볼 수 있다는 점이다. 마지막으로 제일 중요한 것은 누군가가 나를 위해 서비스해준다는 사실이다. 내가 컵을 씻지 않아도 되고 누군가가 내가 필요할 때 커피를 무한정 리필해주니, 나는 내 일에만 집중할 수 있는 그 카페가 정말 좋다. 내가 원하면 6,000원을 내고 하루 종일 이 분위기를 즐기며 일할 수 있으니, 생각을 정리하거나 글을 쓰는 사람들이 주말이면 카페로 몰리는 이유가 바로 이건가 싶다. 한 가지 덧붙이자면 집처럼 마냥 늘어지거나 소파에 누워 시간을 보낼 수 없는 약간의 강압성(주위의 시선)도 한 몫 한다.

도서관과 비슷하지만 충분히 다른 느낌, 나는 북카페에 다니면서 키즈엔리딩에 오는 아이들의 기분에 대해 생각해보게 되었다. '아이들에게도 이런 서비스를 하면 어떨까?', '내가 느끼는 기분을 아이들도 느끼면 더 좋지 않을까?', '이런 서비스는 꼭 어른들만 받아야 하나? 아이들도 이런 서비스를 받는다면 집에서 책을 읽고 공부하는 것보다 더 좋아하지 않을까?'

그런 마음에 이사를 하면서 아이들이 책 읽는 공간을 북카페 분위기로 확 바꿔버리자고 다짐을 하였다. 그래서 탄생한 것이 일명 북카페식 책 읽기 룸. 바닥재는 이미 나뭇결 무늬로 되어 있으므로 그대로 두고, 그동안 눈여겨본 홍대 앞 북카페 사장에게 테이블을 어디서 제작했는지 용기를 내어 물어보았다. 그리고 우리 집 사이즈와 인테리어 스타일에 맞게 따로 제작을 했다.

북카페 분위기를 내려면 꽃무늬 벽지도 바꾸어야 했는데 인건비가 많이 드는 벽지 대신 그린과 화이트 컬러의 무독성 페인트를 주문하여 포인트 벽만 그린으로 칠하고 나머지는 화이트로 직접 칠하니 산뜻한 느낌이 나는 게 예전과는 사뭇 분위기가 달라졌다.

북카페 분위기를 내는 데 가장 중요한 요소 중 하나인 조명은, 직접 세운상가에 가서 일반 가정집 느낌 대신 카페식 분위기가 나는 등으로 골라왔다. 방 천정의 한가운데 위치한 메인 등은 흰 불빛의 등을 끼워 넣었고 아이들 책상 바로 위쪽에는 레일공사를 하여 노란색 형광등을 다니, 하나만 다는 것보다 훨씬 아늑해서 정말 카페에 온 느낌이 들었다. 조명을 달거나 벽을 칠하는 작업은 집안 남자들의 손을 빌려 적은 돈으로 모든 공사를 마무리할 수 있었다.

그 밖에도 인조나무 한 그루, 해외여행에서 사온 이국적인 목각 인형 등으로 방을 꾸몄고, 책상을 끌 때 소리가 나지 않도록 의자와 책상다리에 마찰음을 없애주는 부직포를 초강력 본드로 붙여 최소한의 잡음도 허락하지 않았다(보통 북카페의 가장 큰 단점 중 하나가 무거운 의자와 책상을 밀 때마다 나는 육중한 소리다!).

이렇게 분위기를 바꾼 후 아이들을 부르니 또 이사를 하느냐고, 왜 이리 공부방이 자주 바뀌느냐고 칭얼거리던 녀석들이 좋아서 입을 다물지 못했다. 예전보다 집중도 훨씬 잘되고 책도 더 잘 읽힌다며 너스레를 떠는 아이들을 보니 고생한 보람이 느껴져 흐뭇하기 짝이 없었다. 아예 방 하나는 아무것도 두지 않고 일찍 오는 아이들이 방에 들어가 쉬도록 했더니, 아이들이 집보다 편하다며 한두 시간씩 일찍 와서 누워서 책을 읽거나 숙제를 하는 공간이 되었다. 아이들이 자유롭고 행복해 하는 모습을 보면서 내가 언제부터 이렇게 아이들을 좋아했나 싶을 만큼, 내 자신도 행복해졌다. 아무래도 아이들이 좋아하는 모습, 열심히 책 읽는 모습, 집중하는 모습을 봐야 직성이 풀리는 모양이다.

### 최고급 호텔식 서비스를 선물하다

책을 읽고 듣는 시간. 이는 키즈엔리딩 아이들에게 가장 중요한 시간이자 조용히 책을 읽어야 하는 시간이고 가장 긴장되는 시간이어야 한다. 나는 아이들이 매일 이 시간만큼은 초강력 집중력을 발휘해 책을 읽을 수 있도록, 최대한 조용하고 경건한 분위기를 연출하려 노력한다. 이 시간에는 화장실에 가는 것도 물을 먹는 것도 금지다. 친구와의 잡담, 다른 책을 고르려고 일어서는 것도 금지되어 있다. 자신뿐 아니라 다른 친구들을 방해할 수 있기 때문이다. 그렇기에 모든 읽기 시간은 정해진 시간에 시작하고 끝이 난다. 중간에 친구들이 움직이면 그만큼 집중력이 흐트러지기 때문이다.

그러나 초강력 집중 분위기라고 무조건 조용한 것만을 추구하진 않는다. 그러한 분위기가 도서관을 가득 메우고 나면, 아이들에게 되도록 최고급 호텔식 서비스를 제공하려 노력한다. 체육대회나 소풍이 열린 피곤한 날에는 의자를 최대한 눕혀서 쿠션을 받쳐주어 편히 책을 읽게 하고, 학교에서 안 좋은 일이 있었는지 속이 상해 있는 아이들에게는 재미있는 영어 만화책을 보게 하거나 막대사탕을 까서 입에 넣어주는 엄마표 서비스는 물론, 일찍 오는 아이들에게는 푹신한 좌식의자, 일명 왕좌라 이름 붙인 좌식의자에 앉을 수 있는 특권을 주기도 한다.

'책을 읽고 싶게 만드는 특별한 서비스는 또 뭐가 있을까?'

늘 생각하고 고민한다. 고민 속에 답이 있다. 그 답을 찾은 다음날이면 어김없이 키즈엔리딩의 소중한 프로그램 하나가 탄생한다. 얼마 전 일이 많아서 늦게까지 야근을 했더니 잇몸이 퉁퉁 부어 머리까지 심하게 아팠다. 무슨 일인가 싶어 치과에 갔더니 사랑니가 잇몸 깊숙이 뿌리를 내려 염증을 일으켰다는 것이다. 수술로 사랑니를 빼야 한다기에 너무 겁이 나서 그냥 잇몸치료만 할 수 없느냐고 했더니, 어차피 사랑니를 빼려면 잇몸치료를 해서 어느 정도 붓기가 가라앉은 다음에 수술을 해야 한다고 했다. 며칠 후 잇몸이 나아진 것을 확인한 후 마음의 여유를 갖고 다시 찾은 그 치과는 여느 치과들과는 사뭇 달랐다. 아팠을 때는 느끼지 못했던 최고급 서비스를 그 치과에서 받게 될 줄은 생각도 하지 못했다.

두려운 마음에 두 손을 가슴에 포개어 얹은 채 시술대에 눕자, 원장님은 최고로 상냥한 목소리로 "안녕하세요." 하면서 보송보송하고 좋은 향기가 나는 부드러운 분홍색 담요를 살포시 가슴부터 발목까지 덮어주었다. 시술대에 눕는 것이 두렵고 무서운 데다 몸에 끼는 치마를 입어 뱃살이 티가 날까 걱정하고 있는데, 예쁜 담요를 덮어주다니 내 마음을 다 알아주는 것 같아 한시름 놓았다. 그러고는 입 부분만 구멍이 뚫린 천으로 내 얼굴을 가리더니 "고객님, 치료 시작하겠습니다. 지금 약간 차가운 물로 입안을 헹구어낼 테니 조금 차가워도 놀라지 마세요. 약간 이가 시릴 수 있습니다. 마취 시작하니 조금이라도 아프시면 말씀하세요. 안 아프도록 노력하겠습니다!" 하면서 치료를 시작했다. 나는 그토록 환자를 배려하는 자상함과 세심함에 수술을 받다 말고 감격해서 벌떡 일어나 "브라보!"를 외치며 박수를 칠 뻔했다.

들어서면 카페식 분위기가 물씬 풍기는 이 치과는 각양각색의 차에, 친절한 간호사, 잔잔한 음악으로 나의 기대를 한껏 높여주었는데, 역시 사랑니를 빼는 그 순간까지 기대를 저버리지 않았다. 수술 받는 내내 진심으로 환자를 염려하는 원장님의 말투와 친절한 설명, 약간의 아픔마저 미안하게 느껴진 사랑니 발취 수술과정은, 지난날 내가 다녔던 다른 치과들과는 확연히 달랐다.

나는 치과의 세심한 배려에 감동받은 나머지 수술 후 마취상태라 입이 얼얼했지만 "다른 환자를 치료하는 중이니 그냥 가셔도 된다."는 간호사의 만류에도 불구하고, 원장님을 향해 양 엄지손가락을 치켜 올리며 "당신이 최고야!"라는 표정을 짓고야 말았다. 남들이 이상하게 보건 말건 말이다.

돌아오는 길에 나는 또 하나의 다짐을 했다. '그래 바로 이거야. 나도 이런 서비스에 감동하는데 아이들은 어떻겠어? 아이들도 분명 좋아할 거야. 아이들이라고 이런 서비스를 받지 말라는 법 없지. 나도 아이들에게 이렇게 세심한 서비스를 해야지!'라고 말이다.

그리고는 집에 돌아가 코코아 분말과 우유로 따뜻한 코코아를 만들어 예쁜 잔에 담아 쟁반에 받쳐 들고 열심히 책을 읽고 있는 아이들에게 다가갔다. 아이들 옆에 살짝 코코아를 놓아주며 "책 읽느라 수고 많으십니다. 오늘의 깜짝 서비스입니다. 맛있게 드시고 더 필요하시면 말씀해주세요. 다른 불편한 점은 없으신가요?" 하고 최대한 다정한 목소리로 물었다. 아이들은 평소와는 다른 선생님의 행동에 어색해 하면서도 매우 좋아하는 기색이었다. 이어 조명을 북카페 분위기가 나는 노란 북카페 등으로 바꿔주었다. 약간 어둡긴 하지만 책상 위의 노란색 등만 켜두면 아이들은 훨씬 안정된 분위기에서 책을 읽을 수 있다. 눈이 나빠질까 봐 매일 그러지 못하는 것이 아쉽긴 하지만. 그리고는 내가 평소 덮는 작은 담요를 여자아이들에게 살포시 덮어주었다. "감기 걸리지 않게 따뜻하게 하고 책 읽어라."는 말과 함께. 감동까지는 아니라도 나의 작은 마음과 정성이 전달되기를 간절히 바라면서 말이다.

홍콩여행 중 미라 호텔이라는 곳에 묵었을 때의 일이다. 방을 처음 열고 들어갔는데 TV가 켜져 있었다. 시끄러운 음악이 흘러나오고 있어서 내 앞의 사람이 매너도 없이 TV도 안 끄고 그냥 갔나 싶어서 끄기 위해 다가섰다. 그런데 화면에 또렷이 새겨진 "원영빈 님을 환영합니다(Dear Ms Young Bin Won, Welcome to The Mira Hong Kong)"라는 문구를 보고는 '아! 내가 정말 이 호텔에서 대접받고 있구나!'라는 기분이 들었다. 게다가 영어를 못해도, 영어로 자기 이름만 쓸 줄 알면 이해할 수 있는 쉬운 문장이었기에 고객을 위해 여러 번 고민한 호텔의 세심한 배려가 느껴졌다.

두 번째 숙박한 버터플라이 온 플랫이라는 호텔에서도 비슷한 일을 겪었다. 더블 베드에 각각 베개가 두 개씩 놓여 있었는데 각각 나비 문양의 집게가 꽂혀 있었다. 자세히 보니 하나는 소프트 필로우(Soft Pillow), 또 하나는 하드 필로우(Hard Pillow)라고 쓰여 있었다. 누워보면 누구나 아는데도 세세한 부분까지 고객을 위해 신경을 쓴 것이다. 숙박료가 특별히 비싼 호텔도 아니었다. 아주 작은 것까지 고려한 센스가 바로 이 호텔을 선택하게 만드는 경쟁력이 아닐까?

아이들은 어떨까? 우리 어른들도 이렇게 사소한 서비스에 감동하는데 더 예민한 아이들이 느끼지 못할 리가 없다. 공부만 열심히 잘 가르친다고 해서 좋은 선생님이라고 할 수 있을까? 그 전에 아이들이 키즈엔리딩에 오고 싶은 마음이 들게 해야 하지 않을까? 그러려면 최신식 호텔까지는 아니라도 최소한 북카페 정도의 서비스는 해야 하지 않을까?

수천만 원이라는 큰돈을 들이지 않아도 조금만 정성을 기울이면 아이들이 좋아하는 아늑한 공간으로 충분히 만들 수 있다. 학원에서는 시도하기 어려운 공부방만의 강점을 살려보자. 남의 것을 따라 해 아이들을 즐겁게 해주려는 마음만 있다면 충분하다. 공부방이기에 이렇게도 해보고 저렇게도 해보고 내 맘대로 바꾸어볼 수 있는 것이다. 누구든지 마음만 먹으면 아름다운 공부방의 여왕이 될 수 있다.

# 대기자 100명을 만드는 '성취감'

많은 사람들이 평범한 전업주부였던 내가 영어 리딩 공부방을 연 것이 대단하다며 칭찬을 하곤 한다. 특별한 비결이 있는지 물어오는 이들도 있다. 사실 내가 엄청나게 유명한 강사도 아니고 여러 가지 홍보 수단을 동원했다고는 해도 키즈엔리딩 역시 평범한 공부방 아니던가. 어떻게 동네의 평범한 공부방이 대기자가 늘어설 정도까지 성장했는지 생각해보니, 고객이 무엇을 원하는지, 즉 고객에게 부족한 것이 무엇인지를 남들보다 좀 더 빨리 간파했기 때문이 아닌가 싶다. 공부방의 가장 큰 고객은 뭐라 해도 아이들이다. 아이들이 무엇을 원하는지를 아는 것이 가장 중요하다. 영어책을 술술 읽고 싶어 하는지, 영어책을 잘 읽어서 엄마의 칭찬을 듣고 싶어 하는지, 스티커를 많이 받아 친구들에게 뽐내고 싶어 하는지, 아이들이 원하는 것을 파악하는 게 선생님의 역할이다. 이런 얘기를 할 때마다 생각나는 학생이 있다.

키즈엔리딩에 다닌 지 4개월쯤 된 그녀는 초등학교 5학년 여자아이였다. 그녀는 요즘 5학년답지 않게 알파벳도 잘 읽을 줄 몰라서 영어책 읽기는 엄두도 내지 못하는 아이였다. 그런 그녀를 처음 만난 것은 그녀의 어머니 때문이었다. 영어를 싫어하는 딸아이를 진심으로 걱정하는 어머님의 이야기를 듣고 두 번 고민할 틈도 없이 대뜸 아이를 맡아보겠노라고 나선 것이다. 학교 선생님들도 두 손 들어버린 아이, 내 인생에 영어는 필요 없으니 배우지 않겠다고 선언한 당돌한 아이, 5학년인데도 영어 한 줄 읽지 못하는 그녀를 구해주고(?) 싶었던 것은 나의 지나친 영웅심리 때문이었는지도 모른다.

나와의 첫 코칭 시간. 그녀는 영어책만 빌려주는 것치고는 대여비가 너무 비싸다며 나의 폭리를 의심하는 것도 모자라 자신에게 베푸는 친절함이 너무도 가식적이라며 그런 호의는 필요 없다고 딱 잘라 말했다. "모든 선생님들이 처음에는 잘해주다가 어느 순간 달라져 버린다."며 교육비에 눈이 먼 나쁜 선생을 대하듯 잔뜩 의심스러운 눈빛으로 나를 바라보았다. 그녀는 예상대로 제시간에 나타나지 않기 일쑤였고 다른 아이들이 책을 읽을 때도 한쪽 옆에 벌렁 누워 낄낄거리며 만화책을 읽는다거나 독서기록장에 책 제목 하나 적는 것도 까다롭게 굴었다. 시간이 흐르면서 함께 책을 읽는 아이들의 불만이 터져나오기 시작했다. 나도 그 아이에게 슬슬 지쳐가고 있을 즈음이었다.

그런데 그런 그녀가 조금씩 달라지기 시작했다. 어느 순간 내게 다가와 나를 껴안고 토닥거린다거나, 여러 권의 책을 성실하게 읽으며 독서기록장에 읽은 내용을 빠짐없이 기록하기 시작한 것이다. 항상 삐걱대기만 했던 그녀와의 대화도 언제선가부터는 예정된 시간을 훌쩍 넘겨서야 아쉬워하며 끝내게 되었는데, 모든 것이 첫 번째 읽기 자원봉사를 무사히 끝낸 직후부터였다.

키즈엔리딩에는 자신이 읽은 책을 다른 친구들에게 읽어주는 '읽기 자원봉사' 시간이 있다. 아이들은 이를 줄여 '자봉시간'이라고 부르는데, 자봉을 하려면(친구들에게 책을 읽어주려면) 책 한 권을 수십 번씩 소리 내어 읽어야 한다. 아이들에게 책을 읽어주고 퀴즈도 내야 하는데 못 읽으면 안 되니까 미리 연습을 많이 하는 것이다. 그런데 영어를 한 줄도 못 읽던 그녀가 읽기 자원봉사에 성공한 것이다. 처음 그녀는 다른 아이들과 달리 그 시간을 유난히 두려워할 수밖에 없었다. 그도 그럴 것이 자봉을 하자면 유창하게 영어를 읽어야 하는데 알파벳도 몰랐으니 말이다. 늘 다른 아이들이 책 읽는 것을 듣기만 하던 그녀가 안쓰러워 "우리 같이 미리 연습해보자."는 말로 회유하면, "조금 더 날씨가 선선해지면 하겠다."며 어린이답지 않은 말로 계속해서 미루는 날이 이어졌다.

그런 그녀가 갑자기 읽기 자봉을 하겠다고 나선 것이다. 심호흡을 크게 하더니 아이들 앞에서 떠듬떠듬 영어책을 읽는 그녀를 어찌된 일인가 싶어 바라보던 나는 그녀의 책을 보고는 놀라지 않을 수 없었다.

그녀의 영어책에 한글로 된 영어발음이 깨알같이 적혀 있었던 것. 그녀는 책에 한글로 적은 발음을 보고 읽고 있었다. '아! 얼마나 다른 아이들 앞에서 책을 읽고 싶었으면, 얼마나 아이들 앞에서 퀴즈도 내고 스티커도 받고 싶었으면 저렇게 했을까.'

나중에 알고 보니 전날 밤 엄마에게 영어책을 읽어달라고 하여 그 문장 밑에 발음을 한글로 적어 놓고 연습했다고 했다. 나는 감격한 나머지 특유의 성격을 발휘해 "너 정말 멋지다! 우리 당장 읽기 연습을 시작하자."며 내 머리를 감싸 쥐며 반쯤 떨리는 목소리로 말했더니, 그녀는 조금 더 있다가 날씨가 선선해지면 시작하겠다며 흥분해 있는 나를 아무 것도 아닌데 호들갑을 떤다는 듯 자제시켰다.

"그래. 그럼 얼마든지 기다려주마." 하고 제시간에 오는 것만으로도 감사하게 생각하고 기다린 지 4개월이 지났을까. 드디어 그녀가 영어책 한 권을 자랑스럽게 한글발음 자막 없이 읽어내었다. 읽는 것도 모자라 연예인처럼 온갖 성대모사를 영어로 하며 각종 버전으로 읽은 것이다. 그날부터 그녀는 당장 그 반에서 가장 인기 있는 스타가 되었다. 아이들에게 어떤 버전(할머니 버전, 엄마 버전, 아이 버전 등)으로 읽어줄지 주문도 받고, 아이들 앞에서 퀴즈도 내는데 그럴 때마다 같은 반 친구들이 그녀에게 박수를 치며 열광한다. 이 모습을 보며 별것도 아닌데 나도 모르게 가슴이 뭉클해졌다. 마치 몇 번을 넘어지다 이제 스스로 자전거를 탈 수 있게 된 어린아이처럼, 그녀는 말로 표현하기 어려운 기쁨과 자신감에 행복해 보였다. 나는 그녀의 뒤늦은 성공에 기쁜 나머지 아이들 앞에서 덩실덩실 춤을 추며 나의 기쁨을 주체하지 못했다.

그녀의 예상치 못한 행보는 끊이지 않고 계속되었다. 각 학교마다 영어말하기대회가 열리던 시즌이었다. 이 대회는 아이들이 2~3분가량의 원고를 외워서 다른 사람들 앞에서 발표하는 것인데, 원고의 주제는 자신이 읽었던 동화의 내용을 요약해서 말하거나 자신의 꿈을 발표하거나 현재 화제가 되고 있는 이슈 등이 중심이 된다. 원고의 내용에 맞게 적절한 제스추어를 섞어서 발표하기도 하고 다른 가면이나 도구들을 활용하기도 한다. 게다가 영어말하기대회는 '영어 일인 연극대회'라고 불러도 될 만큼, 아이들의 발표력과 표현력이 놀라운 데다 영어발음도 좋고 연기력도 뛰어나다.

과거와 달리 요즘 아이들은 더 이상 사람들 앞에서 말하는 것을 두려워하거나 주저하지 않고 오히려 그 시간을 즐길 만큼 대담하다. 그렇다고는 해도 영어 한 줄 읽기도 어려워 영어문장 밑에 깨알 같은 글씨로 발음을 써서 더듬더듬 읽던 그녀가 이번에는 영어말하기대회에 도전하겠다는 것이다 "오케이! 너라면 할 수 있어. 무대를 사로잡는 너의 멋진 무대 매너를 보면 누구나 반할 거야. 우리만 보기엔 너무 아까우니 다른 사람들에게도 봉사한다고 생각하고 해보자!"

그녀가 얼마 남지 않은 예선까지 원고를 다 외우리라는 장담은 할 수 없었지만 난 그녀의 예선 통과를 자신했다. 선생님의 입장에서 보기에 그녀의 예선 통과는 어찌 보면 당연한 일이었으니까! 그녀의 거침없는 말솜씨와 세련된 제스추어, 숨막히는 표현력이 낳은 무대는 가슴이 떨릴 정도로 애절하기도 하고 사랑스럽기도 하고 무엇보다 재미있었다. 그런 그녀가 학교에서 뛰어와 예선에 떨어졌다고 알릴 땐 가슴이 무너져 내렸다. 모든 학생을 공평하게 평가해야 하는 학교의 입장을 백번 이해하지만, 그녀의 용기와 노력이 보상받았으면 얼마나 좋았을까 하는 아쉬움은 떨쳐버릴 수 없었다. 나만의 욕심일 수도 있겠으나 진심 어린 칭찬 한마디가 그녀의 삶을 통째로 바꿔버릴 수도 있었을 것이기에. 나는 아쉬움을 뒤로 한 채 그런 그녀를 힘껏 안아주었다. "잘했어. 정말 잘했어. 넌 열심히 최선을 다했고 선생님이 보기에 넌 최고야."

그녀는 다음날부터 더 열심히 책을 읽기 시작했다. 예전보다 더 사랑스러운 얼굴로 적극적으로 책을 읽고 발표를 했다. 나는 자신과의 싸움을 이겨낸 그녀가 너무도 대견하고 자랑스러웠다. 그녀는 어떤 어려움도 극복할 수 있을 것이다.

영어말하기대회는 앞서 말했듯이 영어 일인 연극대회라 불러도 될 만큼 아이의 캐릭터에 따라 결과가 좌우된다. 아무리 영어를 잘한다 해도 남 앞에서 역할극하는 것을 좋아하지 않는다면 좋은 결과를 거두기 어렵다. 반대로 자신의 이야기를 남 앞에서 떨지 않고 재미있게 말할 수 있다면 누구나 도전할 수 있다. 그렇다고 남 앞에 나서기를 싫어하는 성격이라고 기죽을 필요도 없다. 영어말하기대회처럼 여러 사람 앞에서 말하기를 싫어하면 어떤가? 꼭 영어말하기대회에 나가야만 하는가? 그건 아니다.

원하는 사람만 대회에 참가하면 되는 것이고, 싫어하는 친구는 그만의 장점을 살릴 다른 방법이 반드시 있을 것이다. 있는 그대로의 모습을 인정하는 것이 아이를 사랑하는 진정한 방법이 아닐까? 영어말하기대회에 입상하지 않아도 좋다. 그보다는 열심히 최선을 다해 준비하는 것 자체만으로 충분히 칭찬받을 자격이 있음을 알려주는 게 훨씬 중요하다. 꼭 큰 대회에서 상을 탄다거나 일등을 하거나 급수를 따고 무엇을 이뤄야만 성취감을 느낄 수 있는 게 아니다. 아이들은 노력하는 과정을 통해서도 충분히 성취감을 맛보며 성장할 수 있다. 그러기 위해서는 아이의 능력에 맞는 과제를 주는 것이 우리 어른들의 역할이다.

그녀는 오늘도 아이들이 전부 집으로 돌아간 텅 빈 거실에 앉아 한탄 섞인 소리를 하고 있다. "아이고 이럴 줄 알았으면 영어도서관에 일찍 좀 올 것을. 영어도서관에 일 년밖에 못 다닐 것을 생각하니 너무 억울하네." 하며 할머니 같은 넋두리를 늘어놓고 있다. 하지만 나는 느낄 수 있다. 그녀가 다른 친구들보다 조금 늦게 시작했지만 그녀의 일 년은 다른 아이들의 3년이라는 것을. 나는 벌써 그녀의 미래가 궁금해진다. 대기자 100명을 만들어낸 키즈엔리딩의 키워드는 바로 '성취감'이다.

# 대기자 100명을 만드는 '소통과 공감'

아이들 입장에서 생각하는 것이 얼마나 중요한지, 아이들을 위한 올바른 교육이 무엇인지 부르짖고 있지만, 개인적으로 나는 소통에 실패한 엄마였다. 아이들을 데리고 뉴질랜드에서 스쿨캠프를 진행할 때도 아들 형석이는 나와 얘기하기보다 말도 통하지 않는 뉴질랜드 선생님과 얘기하려고 하지도 못하는 영어로 더듬더듬 말을 걸었으니 말이다. 분명 무언가 잘못된 거라 느꼈지만 아이를 진심으로 이해하고 소통하려는 방법도 몰랐고 그 중요성도 모르는 엄마였다.

어느덧 형석이는 중학생이 되어 어느 누구보다 힘든 사춘기를 보내고 있었고, 나는 나대로 아이들 가르치기에 바빠 아들이 힘든 사춘기를 보내고 있다는 사실조차 인정할 수도 인정하기도 싫었다. 내가 얼마나 애지중지 키웠는데 엄마가 바쁜 걸 이해해주지 못하는 아들이 그저 서운하기만 했다. 괜히 이유 없는 심통만 부리는 아들을 도저히 이해할 수 없었다.

그러던 어느 날, 곪을 대로 곪은 관계가 터져버렸다. 사소한 말다툼으로 시작해 "야! 도저히 참다 참다 못 참겠다. 도대체 넌 바라는 게 뭐니? 내가 너에게 못해준 게 뭐가 있어!" 하고 아들에게 언성을 높이고 말았다. 이성을 잃고 흥분했다 정신을 차려보니 나도 모르게 아이의 어깨를 잡고 흔들고 있었다. 형석이는 소리를 지르며 집 밖으로 뛰쳐나갔다. 갑자기 일어난 일이라 넋을 잃고 이러지도 저러지도 못하고 있는데, 남편이 퇴근 후 집에 오더니 심각성을 깨닫고 형석이를 찾아 나섰다. 몇 시간 후 통통 부은 눈을 하고 아빠에게 끌려 돌아온 아이에게 참지 못하고 "또 왜 들어왔어? 그냥 밖에 나가서 살지!"라고 가시 돋친 말을 던졌다.

마음에도 없는 말을 내뱉은 그날 밤, 울면서 잠든 녀석을 보고 있자니 가슴 한 쪽이 아플 지경이다.

'자기도 얼마나 힘들었으면….'

더 이상 이렇게 지내고 싶지 않았다. 결국 가족의 행복을 위해 하루하루 열심히 일도 하고 돈도 버는데 서로 화목하게 지내지 못하면 모든 게 무슨 소용일까 싶은 생각이 들자, 하루라도 빨리 지금의 상황을 바로잡고 싶었다. 지금이 아니면 다시 회복하기 힘들 수도 있다.

'나도 힘들고 아이도 힘들고 중간에 있는 남편도 힘들고…. 그래!

좋지 않은 것과의 연결고리를 끊어버리자. 하나뿐인 아들을 위해, 우리 가족을 위해 처음부터 시작해보자.'

그리고 도움이 되는 프로그램을 찾다가 발견한 것이 바로 비폭력대화라는 교육 프로그램이었다.

NVC는 'Nonviolent communication'의 약자로 비폭력대화라고 번역된다. 때로는 '연민의 대화(Compassionate Communication)'라고 부르기도 한다. 여기서 말하는 비폭력은 간디가 사용한 것과 같은 뜻이다. 즉 우리 마음에서 폭력이 사라지고 인간의 자연스러운 본성인 연민으로 돌아간 상태를 가리키는 것이다. 꼭 누군가를 때리고 못살게 굴어야만 폭력이 아니다. 물리적인 폭력이 아니라 해도 본의 아니게 다른 사람에게 말로 상처를 입히고 마음을 아프게 한다면 폭력에 해당된다. NVC는 인간이 태어날 때부터 지닌 연민을 토대로 다른 사람들과 유대관계를 맺고 자신을 더 깊이 이해하는 데 도움이 되는 구체적인 대화법 (말하기와 듣기)으로 이루어져 있다. 나아가 도저히 참기 힘든 상황에서도 인간적인 평정심을 유지할 수 있는 능력을 키워주는 커뮤니케이션 방법을 뜻한다. 교과서에나 나올 법한 설명을 들으며 내심 약간 실망스럽기도 했으나, 지푸라기라도 잡는 심정으로 아들과 조금이라도 사이가 좋아질 수 있다면 무엇이라도 해야만 했다.

교육의 핵심은 '공감'이었다. 나는 같은 그룹 멤버들에게 왜 형석이에게 화가 나는지를 말하고 있었다. 그런데 그룹에서 리더를 맡은 분이 갑자기 "아, 그러셨어요. 얼마나 힘드셨어요. 원영빈 님은 아이가 잘 자라기만을 바라셨는데 아이가 엄마를 함부로 대하니 화가 나셨던 거군요."라고 내 심정을 대변이라도 해주는 듯 말해주었다.

"네 맞아요. 그랬어요." 하고 답하는 순간 나도 모르는 사이에 눈물이 쏟아져 나왔다. 오랜만에 누군가의 품에 안겨서 실컷 위로받는 느낌이었고, 그동안 아이에게 쌓였던 불만과 속상함이 한순간에 녹아내리는 기분이었다. 이렇게 누군가의 공감과 이해를 받는다는 것은 삶의 긴장 속에서도 여유롭게 살아갈 수 있는 힘을 준다. 공감하는 법을 알게 되면서부터 누군가 나에게 가시 돋친 말을 하면 상대에게 더 세게 대꾸해줘야 속이 시원했던 삶에서 벗어날 수 있었다. 결국 문제는 내게 있었던 것이다. 아이의 입장이 아닌 내 입장만 생각하고 나만 이해해주기를 원하는 데서 모든 문제가 시작되었던 것이다. 나는 조금씩 달라지기 시작했다.

'아니 어떻게 감히 나한테 이렇게 말할 수 있지? 도대체 엄마한테 이래도 되는 거야?'라고만 생각했는데, '형석이가 그럴 수도 있겠구나. 그 나이에는 그렇게 생각할 수도 있겠구나!'라고 아이의 입장이 되어서 생각하니 화가 덜 나기 시작했다.

아주 사소한 깨달음이었지만 우리에게는 큰 변화가 일어났다. 수직적인 관계에서 수평적인 관계가 된 것이다. 이제는 사이도 돈독해져서 쇼핑도 함께 가고 주말엔 북카페에 함께 가서 책을 읽는 사이가 되었다. 방학에는 엄마를 위해 영어 번역도 도와줄 만큼 철이 든 아들을 보며 대견스러운 한편 미안하기도 하다. 아이가 더 크면 내 마음을 좀 더 이해해주겠지 하는, 알 수 없는 믿음 같은 게 생겼기 때문이다. 나와 우리 부모님처럼 말이다.

이러한 깨달음이 아들과의 관계만 바꿔놓은 것은 아니다. '소통과 공감'을 깨달은 덕분에 인생의 가장 큰 과제이자 변화인 키즈엔리딩을 수월하게 이끌 수 있었다. 세상에서 제일 어려웠던 아들과의 관계를 개선하고 나자, 초등학교 아이들과 소통하고 공감하는 것쯤은 식은 죽 먹기처럼 느껴졌다.

어느 날 4학년 남자아이가 아버지에게 혼이 났는지 뚱한 표정으로 입을 내민 채 첫 수업에 나타났다. 영 분이 풀리지 않는 얼굴로 아무리 말을 시켜도 말도 하지 않고 혼자 씩씩거리고 있었다.

"야, 너 화가 많이 났구나. 지금 아무것도 하고 싶지 않지? 그럼 아무것도 안 해도 돼." 머리끝까지 화가 나 있는 아이를 방에 따로 앉혀두고 다른 아이들에게 책을 읽게 한 후 다시 다가가 물었다.

"너, 오기 싫었는데 아빠가 억지로 데리고 왔구나. 그래서 화가 난 거지?"

"네. 친구들하고 놀고 있는데 아빠가 화내면서 가라고 했어요."

"친구들과 더 놀고 싶었을 텐데 정말 속상했겠다."

내 말이 미처 끝나기도 전에 아이는 갑자기 어깨를 들썩이며 훌쩍이기 시작하더니 마침내 엉엉 울음을 터뜨렸다.

우는 아이가 안쓰러워 아이를 안아주며 "오늘은 여기 있다가 그냥 가렴, 내가 부모님께는 잘 말해줄게." 했더니, 아이는 "아니에요. 조금

읽어볼게요." 하더니 책 한 권을 꺼내더니 씩 웃었다. 그러고는 오늘
은 그만 읽으라고 해도 무서운 집중력으로 수업이 끝날 때까지 책을
전부 읽어버렸다. 영어학원을 지겨워해서 몇 개월을 쉬다가 어쩔 수
없이 키즈엔리딩에 오게 된 그 친구는, 그 후로도 2년을 더 다니다가
챕터북까지 읽고 졸업을 했다.

내가 만약 처음 오자마자 아이에게 강압적으로 책을 읽게 했으면 어
땠을까? 아이는 아마도 다음부터는 절대 오지 않았을 것이다. 그 아이
가 계속해서 2년이나 키즈엔리딩에 다녔던 것은 아마도 첫날, 내가 아
이의 입장에서 진심으로 이해하고 공감해준 덕분이었을 것이다. 아직
도 '공감'이 얼마나 중요한지 모르는 분이 있다면, 아예 달달 외워서라
도 상대를 공감하는 연습을 해보기 바란다. 선택은 당신의 몫이다.

# 대기자 100명을 만드는 '칭찬'

아무리 아이들 눈높이에 맞춰 공감하고 소통하는 것이 제일이라고는 하지만, 아이들의 모든 것을 이해하기란 쉽지 않다. 게다가 말썽을 부리는 아이들은 어디에나 반드시 있다. 내 아이도 이해하기 힘든데 남의 아이를 마음으로 예뻐하기란 도무지 쉽지 않은 법이다. 그럴 땐 의식적으로라도 상대의 좋은 점을 찾아내야 한다. 자꾸 예쁘다, 잘한다 하다 보면 정말 그렇게 보이지 않던가.

"대표님, 저는 정말 모르겠어요. 칭찬이 중요하다고, 반드시 아이의 칭찬할 점을 찾아내라고 하셨는데 눈 씻고 찾아봐도 정말 칭찬할 구석이 하나도 없는 녀석은 어쩌지요?"

"하하, 정말 맞아요. 가르치다 보면 칭찬은커녕 혼내주고 싶은 아이들이 더러 있어요. 이유 없이 CD플레이어의 뚜껑을 매번 뜯어버려서 고장을 낸다든지, 책을 보면서 손으로 헤드셋 전선이 다 망가질 때까지 쥐어뜯는 아이들도 있어요. 헤드셋은 소모품이어서 고쳐서 다시 쓸 수도 없는데 말이죠. 한 달에 헤드셋을 여러 번씩 사야 할 때마다 그 녀석 얼굴이 떠올라 무척 속상하더라고요. 또 어떤 친구는 자기는 책도 읽지 않고 엉덩이만 들썩이면서 다른 친구들이 책을 제대로 안 읽는다며 고자질하거나, 책을 읽지도 않고 읽었다고 거짓말하기 일쑤죠. 개인 코칭 시간에는 하도 말꼬리를 물고 늘어져서 관두고 나가버리고 싶은 것을 간신히 참을 때도 있었죠. 그런 아이들을 어떻게 칭찬할 수 있겠어요?"

원장님들은 일제히 "맞아요." 하며 웃는다. 나는 계속 말을 이어갔다.

"그런데 말이에요. 그런 녀석들이 갑자기 좋아질 때가 있어요. 말썽만 부리는 줄 알았더니 어느덧 영어책도 제법 읽고 영어로 스토리도 만들어낼 때인데요. 그동안 미웠던 마음이 하루아침에 사라지더라고요. 내가 이 아이를 언제 미워했나 싶을 정도로 예뻐 보이기 시작하죠. '오냐! 그깟 헤드셋 한 달에 몇 개 정도 새로 사면 어떠랴! CD플레이어 뚜껑도 맘껏 부숴라! 이렇게 잘하는데!' 하면서 제 마음이 사랑모드로 바뀌어 버려요. 그러면서 저도 성장하는 걸 느끼죠."

"대표님, 그럼 아이가 잘할 때까지 참으라는 건가요? 몇 년이 걸릴지도 모르는데 속 터져서 어떻게 참아요?"

"무조건 참으세요. 그리고 그런 친구일수록 더 신경 써주세요. 부모님들에게 받는 교육비에는 아마 속 터지는 비용도 포함되어 있을 겁니다. 선생님이 할 수 있는 만큼 최선을 다해 칭찬해주세요. 아이들이 변화하는 과정을 통해 선생님도 변하고 성장할 수 있을 겁니다. 뭐든 거저 되는 것은 없어요. 그러니 칭찬하세요! 아이들에게 해줄 칭찬이 없다고 생각하지 마시고 더 찾아보세요. 칭찬해줄 게 없는 그 아이가 제대로 오기는 하나요?"

"네, 매일 제시간에 오기는 하죠. 그런데 책도 안 읽어 오고 독서기록장도 챙겨오지 않아요. 매일 그냥 가방 들고 왔다갔다 하는 것 같아서 너무 속상해요."

"선생님은 아이가 아무것도 배우지 않고 그냥 가는 것 같아서 걱정스러운 거군요. 어떤 친구들은 교육비만 내고 아예 나타나지 않는 경우도 있어요. 그 아이에 비하면 아주 양호한 거예요. 아이에게 '매일 꾸준히 빠지지도 않고 오다니 대단한 걸! 오느라 피곤했을 텐데.'라고 말해 보세요. 그 아이가 항상 제때 온다면서요."

"네, 늘 정해진 시간보다 일찍 와요."

"그럼 됐네요. 그 아이는 여기 오는 게 좋은 거예요. 아이들 중에는 책 읽기 싫어서 최대한 늦게 오는 친구도 있는데 일찍 오니 얼마나 고마워요. 네가 이렇게 일찍 와주니 이렇게 이야기할 수 있어서 정말 좋다고 칭찬해주세요."

칭찬할 점이 없는 아이들을 어떻게 칭찬해야 할지 고민이라는 어느 선생님과 나의 대화는 이렇게 끝이 났다. 선문답처럼 들릴 수도 있겠지만, 칭찬에 대한 고정관념을 버린다면 그리 어렵지만은 않다. 칭찬은 시험을 100점 맞았거나 영어책을 잘 읽었을 때만 하는 것이 아니다. 비 오는 날 수업에 왔을 때, 학교 소풍을 마치고 피곤한 몸을 이끌고 왔을 때, 오자마자 책을 반납했을 때, 나를 보자마자 반갑게 인사했을 때…. 당연하다고 생각되는 모든 일들이 칭찬이 될 수 있다.

가르쳤던 아이들 중에 칭찬 하면, 떠오르는 아이가 있다. 영어 유치원을 다녀서 영어에 대한 기본적인 감각이 있는 초등학교 2학년 아이였는데, 영어를 너무도 싫어했다. 알고 보니 엄마가 어릴 적부터 지나치게 주입식 영어교육을 시킨 나머지 영어에 대한 흥미와 재미를 잃어버린 거였다. 그 아이에게 시급한 것은 책 읽기 습관을 들이는 것도, 영어실력을 올리는 것도 아니었다. 영어에 대해 잃어버린 흥미와 재미를 찾아주는 게 중요했다. 고민 끝에 그 친구에게 내린 처방은 아무 것도 시키지 않는 거였다. 똑똑한 아이였기에 영어에 재미만 붙이면 빠르게 성장할 거란 확신이 들었다. 그래서 사소한 것도 놓치지 않고 칭찬을 시작했다.

"오지 않을 줄 알았더니 오늘도 왔네! 오늘은 제시간에 늦지 않고 왔네! 어머 책상에 허리를 꼿꼿이 펴고 앉았네! 오늘은 정말 집중을 잘하는 걸! CD플레이어 작동도 잘하네. 오늘 입은 청바지 예쁜데 누가 고른 거니?"

그런데 어느 날 갑자기 아이가 책을 스무 권 이상 빌려가겠다고 나섰다. 읽을 만큼만 가져가서 읽고 오라고 말렸는데 억지를 부리더니 무거워서 혼자 들기도 힘든 책을 끙끙대며 들고 갔다. 다음날 아이의 엄마에게서 전화가 걸려왔다. 어제 집에 오자마자 영어책을 열일곱 권이나 읽었다면서 선생님이 아이에게 무슨 마법을 부렸는지 궁금하고 감격해서 전화를 걸었다는 것이다.

다음날 아이의 독서기록장을 보고서야 내가 한 칭찬의 위력을 실감할 수 있었다. 아이의 변화에 감동한 나는 아이들이 다 있는 앞에서 덩실덩실 춤이라도 추고 싶었다. 그 아이는 후에도 엄청나게 빠른 속도로 발전했다. 책도 많이 읽고 정독 프로그램도 성실히 수행해 영어책 한 권을 줄줄 외워올 정도였다. 칭찬이라는 게 아무 것도 아닌 것 같지만 그 위력은 대단하다. 그리고 칭찬의 원칙은 반드시 존재한다.

첫째, 아이들도 공감할 수 있는 칭찬이어야 한다. 속으로는 미워 죽겠는데 겉으로만 하는 칭찬이라면 안 하는 것보다 못하다. 그럴 때는 차라리 혼내는 게 낫다.

둘째, 칭찬도 연습이 필요하다. 그러한 측면에서 공부방은 칭찬할 수 있는 최고의 장소이자 최고의 기회다.

셋째, 칭찬하면 아이들이 아주 조금씩 달라진다는 걸 염두에 두어야 한다. 아이는 칭찬 한 번으로 바뀌지 않는다.

'대기자 100명을 만드는 키워드'라고 하니 뭔가 특별한 노하우가 있다고 생각했다가, 공감이니 칭찬이니 일견 당연해 보이는 것들을 이야기하면 실망한 듯한 표정을 짓는 분들도 있다. 하지만 경험을 되짚어

보면 사소한 행동일수록 지키기 어려운 법 아니던가. 쉽고 평범해 보이는 것을 누군가는 꾸준히 해서 특별한 결과물로 만들고, 누구는 별 것 아니라며 시도조차 하지 않는다. 되는 사람과 안 되는 사람의 차이는 믿고 실천하느냐와 안 하느냐의 차이가 아닐까.

# 아이들이 오고 싶은 공부방, 어떻게 꾸밀까?

공부방의 가치는 누가 만들까? 당연한 말이겠지만 바로 공부방 원장의 몫이다. 공부방이라고 남는 공간에 접이식 탁자 하나 펴놓고 자기 실력만 믿고 아이들을 가르치던 시대는 이미 지났다. 이제 가르치는 능력은 기본이고, 새로운 정보와 지식, 아이디어를 공유하고 업그레이드할 수 있는 인적 네트워크와 마케팅 능력이 자기만의 브랜드를 가진 공부방을 운영하는 데 필수적인 요소가 되었다. 인테리어도 그중 하나다. 대형 학원처럼 많은 돈을 들이지 않아도 기발한 아이디어를 내고 부지런히 발품을 판다면, 아이들의 마음을 사로잡을 수 있을 뿐 아니라 공부방의 전문성과 가치를 돋보이게 하는 최고의 장치가 되어줄 것이다.

## 1. 버리기는 모든 인테리어의 시작이다

모든 인테리어의 시작은 '버리기'다. 공부방도 예외는 아니다. 보통 공부방은 가족이 기본적으로 써야 할 공간을 제외하고 거실과 작은 방 하나를 활용하는데, 공간을 늘리려면 안 쓰는 물건을 과감하게 버려야 한다.

처음 공부방을 창업하려는 집에 가면 모든 가족이 함께 쓰던 공간이기에, 굳이 공부방에 필요치 않은 물건들이 너무도 많이 쌓여 있다. 가장 대표적인 것이 TV와 소파다. 가족들이 가장 자주 쓰는 물건이기에 아쉬운 건 당연하지만, 공부방 운영에 방해가 된다면 눈 딱 감고 치워야 한다. 가족사진, 런닝머신, 빨래건조대, 피아노 등 일상에 필요한 물건을 치우는 과정에서 가

거실에 있던 소파와 TV 등을 과감하게 치우고,
원목책상과 컬러풀한 의자로 시원하고 산뜻한 분위기를 연출했다.

가정집 같은 분위기는 전혀 찾아볼 수 없다.
베란다 코너 자리와 좌식의자 등, 알뜰한 공간 활용이 눈에 띈다.

족들의 거센 반항(?)에 부딪힐 수 있지만, 나중에 능력 있는 엄마와 아내로 변신하면 그런 불평불만은 일순간에 사라지니 걱정하지 않아도 된다. 한편 거실에 딸린 화장실도 꼭 신경을 써야 할 장소 중 하나다. 잘나가는 학원이나 교습소 화장실에 목욕용품이나 각종 세제, 낡은 칫솔들이 나와 있는 걸 본 적 있는가? 모두 보이지 않는 곳에 치우고 방향제를 배치하라.

### 2. 꽃무늬 벽지는 과감하게 치워라

대한민국 주부들이 가장 사랑하는 인테리어가 무엇일까? 바로 꽃무늬 벽지다. 가정집 분위기를 벗어나 전문성을 강조하려면 꽃무늬 벽지부터 없애라고 권하고 싶다. 흰 벽지가 다소 밋밋하게 느껴진다면, 가장 저렴하고 쉽게 대체할 수 있는 방법이 페인트다. 한쪽 벽면은 채도가 낮은 그린이나 블루로 칠하고 나머지는 화이트로 칠하면 편안한 분위기를 조성, 집중력을 높이는 데 도움이 된다. 만일 도서관 분위기를 내고 싶다면 '영어책이 꽂혀 있는 책장'이 프린트된 벽지 등을 인터넷에서 구입해 꾸며도 좋다. 심심한 벽면이 순식간에 멋스러운 포인트로 둔갑할 것이다.

### 3. 책상과 의자로 북카페식 공부방을 연출하라

공부방에서 가장 멋을 부릴 수 있는 아이템은 책상과 의자다. 최근 아이들의 집중력을 높이려는 목적으로 상하좌우가 막힌 독서실용 책상을 활용하는 공부방이 많다. 집중력을 높이는 데는 좋을지 몰라도 장기적으로 내다본다면 권하고 싶지 않다.

꽃무늬 벽지에 TV라는 일반 인테리어 공식 대신
원목책장과 테이블로 북카페 분위기를 조성했다.

책을 프린트한 벽지로 도배한 방.
서재 분위기가 물씬 풍긴다.

첫째, 답답한 책상이 줄지어 여러 개 놓여 있는 거실 분위기를 365일 동안 보고 싶어 할 가족은 거의 없을 것이다. 어른들만 예쁘고 편한 카페를 선호하는 것은 아니다. 단 책상의 위치는 마주보게 두지 말고 양쪽 벽을 향하게 하는 것이 학생들의 집중력에 도움이 된다.

책상은 자연스러운 분위기의 원목책상이 좋지만, 수제로 제작하는 것이 부담스럽다면 비슷한 분위기의 저렴한 책상들을 인터넷에서 손쉽게 구입할 수 있다. 높이는 초등생의 경우 72~73cm가 적당하다. 의자는 바퀴가 달린 것보다는 다리만 있는 것이 좋지만 의자를 넣고 뺄 때 나는 소리가 거슬릴 수 있으므로, 반드시 부직포 테이프를 다리 밑에 붙여주어야 한다.

### 4. 게시판과 아이들의 개인파일은 전면에 배치하라

학교나 학원을 방문할 때 가장 먼저 눈에 띄는 것이 바로 게시판이다. 학부모가 방문할 때나 학생들이 드나들면서 가장 먼저 보는 것이므로, 성적이 오른 학생의 성적표 혹은 칭찬할 만한 사항들, 이벤트 안내, 즐겁게 공부하는 학생들 사진을 붙여두면 공부방에 대한 관심도와 호감도를 증가하게 만든다. 처음부터 프레임이 있는 게시판을 구입하기가 부담스럽다면 뒷면의 종이만 떼어내면 바로 부착할 수 있는 코르크 게시판을 이용하자. 일반 문구점에서 저렴한 가격에 쉽게 구입할 수 있으니 용도에 맞게 잘라서 사용하면 된다.

또한 아이들의 학습상태를 한눈에 보여주는 개인 포트폴리오 역할을 하는 파일은 학부모 상담 시 가장 중요한 도구이다. 학년별로 혹은 같은 반별

원목으로 책상을 짜서 벽면을 바라보게끔 배치했다.
이러한 구조는 보기도 좋지만 집중력 있게 책을 읽는 데 도움이 된다.

책으로 둘러싸인 방. 집 안에 숨어 있는 아늑한 도서관의 느낌이다.
아이들은 이 방에 들어서면 자연히 책을 읽어야겠다는 기분이 든다고 한다.

로 칼라를 달리 하여 파일마다 네임텍을 붙여 상담을 하는 책상에서 가장 가까운 곳에 배치하면, 신뢰감을 주는 동시에 인테리어 도구가 될 수 있다.

## 5. 책은 최고의 인테리어 아이템이다

요즘은 독서를 테마로 하는 공부방들이 많이 생겨나고 있다. 책이 많으면 많을수록 학생들에게 다양한 책을 읽힐 수 있으니 좋고, 책 표지 자체도 예쁘고 고급스러워서 최고의 인테리어가 되기에 충분하다. 하지만 많은 아이들이 책을 보기 때문에 쉽게 더럽혀지거나 손상되기도 하고 CD가 딸린 영어책의 경우 분실되거나 훼손되기 쉽다. 이를 방지하기 위해 책에 번호를 매겨 바코드화 하고 표지는 비닐로 싸고 CD는 비닐 케이스를 구입하여 함께 두면 분실과 훼손의 위험이 낮아진다. 책을 대량 구입하면 포장을 대행해주는 업체도 있으니 저렴하고 편리하게 이용 가능하다.

## 6. 조명 하나로 카페 분위기를 만들어라

공부방에 가장 적합한 형광등은 주광색(일반적인 형광등색)으로 에너지 효율도 높은 편이지만, 전구색(주황색) 등에 비해 분위기는 기대할 수 없다. 이럴 때 눈에도 좋고 분위기도 낼 수 있는 방법이 있는데, 천장 가운데 있는 메인 등을 주광색으로 하고 책상이 붙어 있는 벽 쪽에는 레일을 달아 전구색 등을 설치해주면 밝고 부드러우며 안정된 분위기의 북카페 조명을 완성할 수 있다. 아이들과 특별한 분위기를 내고 싶은 날에는 주광색 형광등은 끄고 전구색 등만 켜도 좀 더 친근하고 따뜻한 느낌을 즐길 수 있다.

공부방에 들어서자마자 아이들이 작성한 스토리 영문법이 한눈에 들어온다.

공부방 벽면을 장식하는 데 '게시판'은 필수.
아이들의 학습현황 체크뿐 아니라, 인테리어 소품 역할까지 하니 일석이조다.

# "공부방 홍보, 이것만 알아도 성공한다!"

## ☐ 온라인과 오프라인, 어느 것도 놓치지 마라

아파트 현관의 게시판에 전단지를 붙이면 바로 전화기에 불이 날 것 같지만, 한두 번 붙인다고 그렇게 된다면 얼마나 좋을까. 독창성 넘치는 문구로 아파트 게시판을 꾸준히 공략해야 한다. 온라인에서는 아무래도 블로그가 효자 노릇을 톡톡히 한다. 엄마들이 많이 가입한 카페에 공부방과 관련된 재미난 에피소드 및 교육 관련 칼럼을 올리는 것도 자연스러운 홍보법이다.

## ☐ 전단지, 제대로 알고 돌려라!

전단지는 공부방 홍보의 가장 기본적인 방법이지만 '타이밍'이 대단히 중요하다. 주변에 초등학교가 있는 공부방이라면, 학부모들이 많이 모이는 학교행사 때 전단지를 돌리면 효과적이다. 공부방을 반기지 않는 아파트도 많지만, 그럴수록 아파트 주민 커뮤니티의 협조를 얻는 것도 중요하다.

## ☐ 고객이 고객을 부른다!

공부방은 공부를 가르치는 곳이기도 하지만, 아이들이 함께 공부하는 곳이기도 하다. 공부방 최고의 고객은 역시 아이들이다. 아이들이 친구도 동생도 데려오게끔 만들어라. 친구와 함께 공부하고 싶다는데 싫어하는 부모님은 많지 않다. 사후관리 또한 최고의 홍보다. 조금만 아이에게 소홀하다 싶으면 우루루 빠져나가는 것이 공부방이다. 부모님들이 묻기 전에 아무리 사소한 것이라도 빠짐없이 알려줘라.

# 공부방의 여왕, 이것만은 갖춰라

어떤 공부방을 원하는가? 적은 인원이라도 알차게 꾸리면서 자신의 생활을 포기하지 않는 것이 중요한가? 많은 수의 학생을 가르치면서 경제적으로 사회적으로 성공하기를 원하는가? 자신이 진정 무엇을 원하는지 안다면 그것에 생각을 더하는 일부터 시작하자.

# 정말 아이들을 가르치고 싶은가

키즈엔리딩을 창업하고 싶다며 찾아오는 선생님들과 상담해보면 대부분 비슷한 생각을 하고 있다. 학원이나 교습소보다는 훨씬 적은 돈을 투자해 창업 리스크를 줄이고, 자녀들 교육도 챙기면서 자신의 본업이자 특기인 영어를 가르치고 싶어 하는 분들이다. 한편 학원강사나 과외로 아이들에게 영어를 가르치면서 기존의 영어교육에 한계를 느꼈지만, 막상 어디서부터 어떻게 시작해야 할지 몰라서 키즈엔리딩을 찾는 분도 있다.

그런 분들을 볼 때면 8년 전 나를 보는 것 같아 일단 도와주고 싶은 마음부터 앞선다. 나 역시 뉴질랜드에서 스쿨캠프를 운영하다 영어독서의 중요성을 깨닫고 공부방을 열었지만, 처음에는 말 그대로 시행착오와 좌충우돌의 연속이었다. 고생할 때는 내가 왜 굳이 이걸 시작했을까 하고 후회하는 마음뿐이었는데, 지금은 누군가에게 나의 경험이 도움이 된다고 생각하니 감사하기만 하다. 8년간 여러 선생님들을 지켜보면서 깨달은 것이 하나 있다.

바로 공부방을 하면 잘되는 사람은 정해져 있다는 것이다. 능력이 있고 없고를 따지는 것이 아니다. 역량이 훌륭하신 분들을 아쉽지만 돌려보낸 적도 있는데, 그중에는 공부방보다는 다른 일을 하면 더욱 성공할 분도 있었고, 공부방보다는 학원이나 교습소가 어울릴 만한 분들에게는 솔직히 그쪽을 권하기도 했다. 누가 봐도 뛰어난 선생님들을 그냥 보내려니 속이 쓰리기까지 했지만, 서로가 원하는 목표가 같아야만 일도 잘되고 행복하다는 것을 잘 알고 있었기에 아쉬운 마음을 접어버렸다. 소중한 시간을 내어 나를 찾아왔는데 시간을 허비하게 할 수는 없지 않은가. 마찬가지로 공부방을 하기에 적임자로 보이는 분들을 만나면 솔직하고 자신 있게 속내를 털어놓는다. "선생님, 키즈엔리딩 합시다! 정말 잘하실 수 있을 거예요."

그중에는 나를 믿고 동참하는 분들이 있는가 하면, 상술처럼 보였는지 오지 않는 분들도 있다. 어떤 선택이든 서로 각자 목표로 하는 인생을 사는 것이기에 그분들의 발전을 기도할 뿐이다.

하지만 전혀 아쉽지 않을 때도 있다. 그저 경제적인 수익에만 집착하는 분들을 만나는 경우다. 얼마 전 문의전화가 한 통 걸려왔다.

"거기 키즈엔리딩이죠? 키즈엔리딩을 오픈하려면 돈이 얼마나 들죠? 한 달에 얼마나 벌어요? 한 분원에 아이들이 몇 명이나 되죠?" 하며 다짜고짜 수익부터 물어보는 것이다. 교육사업도 사업이기에 수익 구조를 완전히 무시할 수는 없겠지만, 사업보다 교육이라는 말이 앞에 오는 것은 다 이유가 있는 법인데 교육자로서 최소한의 매너는 갖춰야 하는 게 아닌가 싶었다.

애써 불편한 마음을 억누르며 "선생님 안녕하세요. 저는 키즈엔리딩 대표 원영빈이라고 하는데요. 현재 아이들을 가르치고 계신가요?"라고 물었다. 그러자 "아뇨. 오늘 인터넷 검색을 하다 우연히 봤는데 수익이 얼마나 되는지를 알아야 다른 곳과 비교를 하죠."라는 대답이 돌아왔다. 이런 대화가 오가다 보면 최대한 언짢은 기분을 억누르며 말하는 내 기분이 전달되어서인지, 상대도 점점 기분이 나빠지는 게 느껴진다. 결국 전화상으로는 비용이나 수익을 공개하지 않는다는 것이 원칙이라는 말이 채 끝나기도 전에 전화는 끊기고 말았다.

나는 이런 전화를 받으면 하루 종일 기분이 유쾌하지 않다. 공부방을 하려면 잘 가르치는 것 못지않게 서비스 정신도 중요한데, 이는 기본적인 마음가짐부터 부족한, 만나보지 않아도 될 것 같은 대표적인 케이스다.

한번은 목소리가 굵은 남자 선생님이 전화를 걸어왔다. 남자 선생님이 집에 혼자 공부방을 열어도 될까 싶어서 주저하고 있는데, 사실은 본인이 할 게 아니라 요즘 영어공부방이 대세이니 아내를 시켜보려고 한다는 것이다. 그러더니 "잘되죠? 얼마나 투자하면 될까요?" 하고 대뜸 묻는다. 여자 분이 한다고 하니 반가운 마음에 "전화 주셔서 감사합니다. 그런데 직접 운영할 선생님의 생각이 더 중요하니, 아내 분과 통화하면서 상담하면 어떨까요?"라고 말씀드렸지만 다시 전화를 걸어오지 않았다.

모든 직업이 마찬가지겠지만 자신이 가장 잘하는 것을 했을 때 성공 가능성이 높다는 것은 누구나 아는 사실. 책 읽기도 아이들의 개성을 고려하듯, 공부방 창업도 마찬가지다. '공부방의 여왕'이 되려면 이 일이 내게 맞는지 잘할 수 있는지 스스로에게 먼저 물어봐야 한다.

첫째, 나는 정말 아이들을 가르치고 싶은가?

상담을 하면서 선생님을 할 수밖에 없는 분들을 많이 만났다. 무슨 말인가 하면 아이들을 가르치는 일을 하지 않으면 안 되겠다 싶을 만큼, 아이들도 좋아하고 지도하는 것 자체를 즐기는 분들이다. 일을 하다 보면 잘될 때도 있고 그렇지 않을 때도 있는데, 아이들을 가르치는 걸 즐기는 분들은 만만치 않은 내공과 저력을 보여준다. 창업은 어쩌면 시간싸움이다. 다행히 공부방은 자금이 많이 들거나 월세를 내지 못해 망하는 일은 없다. 아이들을 성심성의껏 지도하면서 기다리면 성공의 길은 멀지 않기에 가장 중요한 조건 중 하나다.

둘째, 자신의 교육방식에 소신을 갖고 있는가.

키즈엔리딩의 경우 영어를 배우는 데 영어책 읽기가 중요하다고 믿는 선생님들이 대부분이다. 실제 모 분원의 선생님은 자신의 자녀들에게 영어책을 많이 읽혀 효과를 톡톡히 거두었던 터라, 더 이상 설명할 필요도 없었다. 그분은 창업하자마자 키즈엔리딩 프로그램에 자신만의 노하우를 가미해 보란 듯이 멋지게 성공했다.

셋째, 어떤 연령대의 아이들을 가르치고 싶은가.

아이들을 가르치는 걸 좋아한다 해도 유치원, 초등학교, 중고등학교 등, 분명 자신 있거나 자신과 잘 맞는 연령대가 있을 것이다. 한 번도 생각해보지 않았다면 반드시 고민해보기 바란다. 그동안 많은 선생님들과 이야기를 나눠본 결과, 특별히 자신이 선호하거나 잘 맞는 연령대의 학생들은 분명 있다. 어린 아이와 잘 맞는 사람도 있고, 중고생들과 수평적인 관계에서 소통하면서 가르치는 게 맞는 사람도 있다.

키즈엔리딩의 학생들은 대부분이 초등학생인데, 어찌 보면 가장 다루기 어려운 연령대이기도 하다. 초등학교 4, 5학년만 되면 이제 다 컸다며 말도 듣지 않고, 사춘기 때문에 선생님과 부모님들을 심하게 애먹이는 아이도 종종 있다. 선생님들은 초등학교 4, 5학년 남자아이들을 별개의 학년으로 구분하여 특별 관리 대상에 넣기도 한다.

특히 학원에서 중고생만 지도하던 분들은 초등학생들을 가르치며 스트레스를 받을 때가 많다. 수업뿐 아니라 등하교 지도를 해야 하는 것은 물론이고 심지어 화장실 물 내리는 것까지 신경전을 벌인다. 그 밖에 숙제시간, 아이의 컨디션까지 체크해야 하는 등, 중고생을 지도했으면 겪지 않았을 사소한 스트레스는 예상치 못한 변수가 될 수 있다.

마지막으로 가족들이 집에 공부방을 여는 것에 호의적이어야 한다.

단순히 자신의 집에서 학생들을 지도하는 것이 아니라 공부방이라는 전문성을 갖춰야 하기에, 가족 모두의 특별한 협조가 필요하다.

내 경우엔 아들 형석이가 방과 후 학원에 다니지 않아서 아이들이 등원하는 시간과 아이가 학교에서 돌아오는 시간이 겹칠 수밖에 없었다. 나 역시 아이들을 가르치던 중이어서 아들이 돌아와도 반가워 할 시간도 맞이해줄 시간도 없었다. 형석이는 곧장 자기 방에 들어가 나오지도 못하고 갇혀 있어야 했는데, 미처 간식을 준비하지 못한 날이면 저녁시간까지 우유만 먹고 기다리다 잠이 들곤 했다. 우유를 많이 마시고 아무의 간섭도 받지 않고 잠을 실컷 잔 덕분인지 키는 많이 컸지만, 엄마가 필요한 시기에 잘 보살펴주지 못한 것 같아 미안한 마음 뿐이다.

공부방이 아이를 키우면서 할 수 있는 일이라 해도 여러 아이들을 가르치다 보면, 상대적으로 내 아이에게 소홀해질 수밖에 없는 것이 사실이다. 자녀가 유치원이나 초등학교 저학년처럼 엄마의 손길이 절대적으로 필요한 나이라면, 과감히 아이를 다 키운 후에 시작하라고 권하고 싶다.

# 테크닉에 정성을 더하면 성공이 된다

공부방을 운영하면서 내가 살고 있는 아파트에서 성당 반장을 맡은 적이 있다. 당시 전임 반장님은 내게 자리를 물려주며 반장이 되면 복을 두 배로 받을 테니 꼭 반장을 하라고 신신당부했다. 복을 받으려고 반장을 한 것도 아니고 그 말을 다 믿은 것도 아니었지만 결과적으로는 복 받는 법을 알게 된 것이 수확이라면 수확이다. 성당에서는 매월한 번씩 지역의 구역장들과 반장들을 위해 미사를 여는데, 일하기도 벅찬데 미사에 참석하려니 여간 귀찮은 게 아니었다. 구역장님의 손에 이끌려 월 미사에 참석했다가 꾸벅꾸벅 졸던 어느 날이었다.

"여러분, 하느님께 소원이 이루어지게 해달라고 기도하는 법이 무엇인지 아십니까?"

순간 잠이 확 달아나면서 나도 모르게 고개를 바짝 들고 귀를 쫑긋 세웠다. 모든 사람들이 일순 조용해졌다. "정답은 하느님이 소원을 들어줄 때까지 계속해서 비는 것입니다." 듣고 있던 사람들이 모두 "우하하." 하며 큰 웃음을 터뜨렸다.

하지만 나는 웃음이 나지 않았다. 평소에 심각하게 고민했던 부분에 대해 명쾌하게 말씀해주시니 답답한 마음이 뻥 뚫리는 것 같았다. 기도할 때 소원을 비는 것이 염치없는 일인 줄만 알았는데 저렇게 유명한 신부님이 하나님이 들어줄 때까지 빌어도 된다고 하시니, 이제 원하는 것이 이루어질 때까지 실컷 빌어야겠다는 생각이 들었다. 그분이 바로 《무지개 원리》를 쓰신 차동혁 신부님이다. 그 후로 나는 원하는 것이 있거나 힘든 일이 있으면 이루어지게 해달라고 하나님께 간절히 기도하고 또 기도한다.

하지만 내 기도에는 한 가지 원칙이 있다. 바로 '정성'이다. 내가 원하는 것을 달라고 기도하되 하느님을 감동시킬 만큼 최선을 다해 빌어야 하는 것이다. 가만히 앉아 무조건 달라고만 하면 어제 산 장난감을 오늘 또 사달라고 조르는 아이와 뭐가 다르겠는가! 하나님이 나의 소원을 들어주는 대가로 무엇을 원하시진 않겠지만, 최소한 불쌍하게라도(?) 보일 수 있도록 내가 할 수 있는 모든 정성과 노력을 다한다. 그러면 대부분 들어주신다. 나는 그 후로 시간과 장소를 불문하고 원하는 것이 있으면 열심히 기도하기 시작했다. 학생들이 오기 전에 집을 깨끗이 청소하고, 아이들이 앉을 의자와 책상 그리고 읽을 책들을 바라보며 다음과 같이 기도를 시작한다.

"오늘 우리 아이들이 이곳에 와서 즐겁게 책을 읽을 수 있도록 도와주시고, 집에 가서도 책을 많이 읽도록 해주시고 실력도 많이 늘게 해주세요." 하며 아이들 얼굴을 하나하나 떠올리는 것이다.

나는 키즈엔리딩에서 이벤트나 행사를 할 때도 아이들이 먹을 간식과 선물을 사다가 일일이 하나하나 직접 포장을 한다. 선생님들은 그런 나를 보며 "가뜩 할 일도 많은데 굳이 포장까지 하느냐."며 말리지만 다 그만한 이유가 있다. 나는 포장을 할 때도 아이들에 대한 사랑과 정성을 담아 간절한 마음으로 기도를 드린다. "하나님 간절히 바라오니 이것을 받은 키즈엔리딩 아이들에게 실력향상과 동기부여라는 은총을 주시옵소서."라고 말이다. 그래서인지 키즈엔리딩 아이들은 정말 영어책을 많이 읽는다. 하루에 스무 권 이상을 읽는 친구도 있고 3,000권 넘게 읽고 졸업하는 친구들도 많다. 키즈엔리딩이 천국 같다며 공부방 가는 날만 손꼽아 기다린다는 아이들도 있으니 간절한 기도의 효과는 탁월한 것 같다.

다음으로 내가 정성과 노력을 기울이는 것이 바로 전단지다. 공부방을 처음 시작할 때 홍보수단으로 가장 많이 활용하는 게 전단지인데, 전단지를 돌리는 방법으로는 아파트 1층 게시판에 수수료를 내고 붙이기, 돌아다니면서 집집 대문마다 붙이기, 봉투에 넣어 우편함에 넣기, 학교 앞에서 등하교하는 학생들에게 나눠주기, 학교행사 때 부모님들에게 나눠주기, 홍보대행업체 이용하기, 신문에 끼워넣기 등 여러 가지 방법이 있다.

나는 웬만하면 새로 오픈하는 분원의 전단지는 내가 직접 돌아다니면서 우편함에 넣거나 게시판에 붙이는데, 선생님들에 의하면 신기하게도 유독 내가 돌린 지역에서 전화문의가 많이 온다고 한다. 내가 잘나서가 아니라 정성 들여 붙이기 때문이다. 나는 전단지를 한 장씩 세어가며 기를 불어넣어 사각 케이스에 구겨지지 않게 담는다. 그리고 붙이기 전에 또 간절히 기도를 드린다.

"이 전단지를 여기 사는 모든 사람들이 보고 저희 공부방에 와서 열심히 공부할 수 있도록 도와주세요.", "이 지역에 사는 사람뿐 아니라 놀러왔다가도 키즈엔리딩에 관심을 갖게 해주세요."라고 기도하며 두 손으로 게시판에 붙인다. 그런데 요즘은 대부분의 아파트 현관이 카드나 번호키로 되어 있어서 못 들어가는 곳이 더 많다. 언젠가는 아파트에 사는 누군가가 드나들 때까지 기다리다가 마침 보이는 집배원 아저씨에게 사정을 털어놓은 적도 있다.

"제가 얼마 전에 공부방을 시작했는데 아저씨를 따라다니면서 전단지를 붙여도 될까요? 귀찮으시겠지만 한 번만 부탁드립니다." 그분은 추운 겨울에 아줌마 혼자 전단지를 붙이러 다니는 게 안쓰러웠는지 흔쾌히 승낙해주었고 전단지를 집집마다 붙이는 데 성공할 수 있었다. 그 아파트에서 문의전화가 많이 온 것은 당연하다.

전단지 한 장 돌리는 데 뭘 그리 극성이냐고 생각하는 분들도 있을 것이다. 하지만 내 경험에 비추어보면 전단지를 많이 뿌리는 게 중요한 게 아니라, 시간과 정성을 들여 하늘을 감동시키겠다는 자세로 돌려야 비로소 전단지의 위력이 발휘되는 것 같다. 그 증거로 홍보업체를 몇 번 써보았지만 별다른 효과가 없었다. 같은 전단지라 해도 나만큼 공을 들이지 않을 것이기에 효력이 나타날 리가 없다.

공부방은 '동네'라는 지리적 위치상 얼마나 주위에 입소문이 빨리 퍼지느냐, 즉 잘 알려지는가가 관건이다. 학원이나 온라인 강의처럼 큰돈을 들여 광고할 수 없기에 홍보에 발품과 각별한 정성을 쏟을 수밖에. 자연히 기도하는 마음으로 전단지 한 장 한 장을 돌리게 된다.

모든 일에 정성을 쏟고 그 정성이 내게 몇 배의 결과로 돌아오자 공부방을 운영하는 데도 마음의 여유를 갖게 되었다. 내가 먼저 베풀면 더 큰 복이 돌아올 거야, 라는 마음을 갖게 된 것이다. 실제 나는 공부방에 등록하는 학생들이 많지 않으면, 주위의 어려운 친구들은 그냥 데려다가 책을 읽히라고 권한다. 책을 공짜로 와서 읽는 아이도 좋겠지만 결국은 선행을 베푸는 선생님도 복을 두 배로 받을 것이기 때문이다.

어떤 복인가 하면 크고 작은 경험이 쌓여 능력 있는 선생님으로 만들어줄 테고, 아이들을 진심으로 가르친 상으로 하늘이 반드시 더 많은 학생을 보내줄 것이다. 내가 만일 본격적으로 영어공부방을 시작하기 전에 돈을 받고 광범이와 형석이를 가르쳤다면 다양한 프로그램을 이것저것 시도해보지 못했을 것이고, 결국 경험 미숙으로 초반에 많은 어려움을 겪었을 것이다. 아이들의 실력 향상을 맛볼 때까지 기다리지 못했을 것이기에 공부방을 시작할 생각도 못했을 것이다. 이처럼 진심과 경험, 그리고 정성을 소중히 여기는 마음은 당신을 원하는 목표로 이끌어줄 것이다. 눈앞의 이익을 생각지 말고 열 배, 백 배의 정성을 발휘해 보자. 결국 복이란 꾸준한 노력과 정성이 모여 한순간에 나타나는 게 아닐까.

# 가장 먼저 경험에 투자하라

내 친구 중에 항상 일하고 싶다고, 뭐 할 일 좀 없느냐고 입버릇처럼 말하는 친구가 있다. 막상 적당한 일을 권해주면 "나는 이 정도는 벌어야 해. 그게 아니면 그냥 집에 있는 게 낫지!"라며 계산기부터 두드린다. 하루에 몇 시간 동안 일해야 하고 자기 가족들에게는 절대 피해가 가지 않아야 하며, 자신이 할 수 있는 것과 하지 못하는 것부터 정확히 계산한다. 물론 자신의 가치를 알고 그 가치에 대한 합당한 보상을 받아야 한다는 친구의 말에는 전적으로 동의한다. 하지만 나는 그 친구가 정말 일을 하고 싶어 하는 것인지, 돈을 벌기를 원하는 것인지 아직도 잘 모르겠다. 자신의 조건에 딱 맞는 일을 구하려다 보니 벌써 여러 해가 흘렀고 아직도 그 친구는 일을 찾지 못하고 있다.

본인의 가치는 자신이 평가하는 것이 아니라 남이 평가하는 것이다. 또한 일을 하는 데는 능력도 중요하지만, 거기에 경험과 지혜가 더해져야만 훨씬 더 빛을 발하는 가치가 된다. 처음부터 자신의 가치에 맞는 일만 찾다 보면 평생 아무 일도 할 수 없다. 안타깝게도 소중하게 지켜온 자신의 가치가 세상의 발전속도를 따라가지 못하여 도태될 수밖에 없기 때문이다.

본인의 가치를 높이는 데는 시간과 노력이 필요하다. 더욱이 처음부터 무리하게 돈을 투자할 수 있는 형편이 아니고 뚜렷한 기술도 없는 평범한 사람들이라면 더더욱 그렇다. 돈이 많은 사람들은 매달 수익이 발생하는 오피스텔이나 빌딩에 투자해 월세를 받으면 된다. 엄밀히 말해 투자란 돈이 없어도 사는 데 크게 지장이 없을 만큼 경제적 여유가 있는 사람들에게나 가능하다.

나 역시 여유와는 거리가 멀었다. 약간의 여윳돈이 우리 가족의 전재산이었기에 확신이 없는 한 함부로 투자할 수도 없는 노릇이었다. 그래서 나는 나의 형편과 능력이 되는 한도 내에서 노력과 시간을 들여 일하는 쪽을 택했다. 몸은 고됐지만 돈이 따로 들지 않았기 때문에 나로서도 맘 편하게 일할 수 있었다. 그리고 일을 시작할 수 있었던 가장 큰 원동력은 내 경험에 대한 믿음이었다.

결혼하고 아이를 낳은 후 처음으로 시작한 일은 유아들과 교구를 갖고 놀아주는 방문교사였다. 주위에선 대학원까지 졸업했으니 좀 더 나은 일을 하라고 했지만, 100만 원만 내면 교육도 시켜주고 그 후에는 아이들을 계속 지도하면서 안정적으로 일할 수 있다는 말에 귀가 솔깃해 시작하게 되었다. 당시 대치동에 살고 있었는데 간단한 교육을 이수하니 회사에서는 목동에 사는 학생 2명을 소개해주었다. 그게 너무 기쁘고 신기해서 힘든 줄도 모르고 돌이 갓 지난 아들을 카시트에 태운 채 대치동에서 목동까지 운전을 해서 다녔다.

　나는 아이들을 가르치는 게 처음이라 실수하지 않으려고 수십 번 반복해서 미리 연습하곤 했다. 하지만 유아들을 가르친다는 게 교육받은 대로 되지 않을뿐더러, 아이가 수업 중에도 엄마를 찾아 제멋대로 뛰쳐나가니 열의와 정성만 갖고 되는 게 아니었다. 결국 프로그램을 마무리할 때까지 1년간 한 달에 2명을 가르치는 데 그칠 수밖에 없었다. 그때 난 아이들을 가르치는 것보다 엄마들과 상담하는 것이 더 어렵다는 것과, 돈 버는 게 결코 쉽지 않다는 사실을 몸소 실감하게 되었다.


　방문교사를 그만두고는 백화점 주부 모니터를 시작했다. 백화점에 들렀다가 우연히 게시판에서 주부 모니터를 뽑는다는 공고를 봤는데 일주일에 한 번만 나오면 15만 원을 준다는 말에 반갑게 지원을 했다. 백화점 측에서 내준 과제를 꼼꼼히 정리해서 매주 한 번씩 보고하는 일이었는데, 나는 거의 매일같이 출근해 소비자 입장에서 보고 느낀 점을 쓰는 것 외에 백화점의 개선사항 및 시키지도 않은 마케팅 아이디어까지 내놓았다. 남편은 "무슨 백화점 직원이라도 되느냐며 오버하시 날라."고 했지만, 나는 내가 하는 일이 백화점의 발전에 도움이 되고 어떤 때는 나의 의견이 실제 반영되니 재미있고 흥분되어 잠을 잘 수 없을 정도였다. 그러다 백화점의 자문이사로까지 일하게 되었고 신문기사에도 실려, 급기야 모 신문의 광고모델을 하는 영광(?)까지 얻었다.

주부 모니터를 하면서는 보고서 작성과 글쓰기에 자신이 붙기 시작했다. 보수는 15만 원에서 50만 원으로 불어나 있었지만 내가 보고서를 쓰기 위해 백화점에 다니면서 쓴 돈에 비하면 아무것도 아니었다. 하지만 나는 그것이 내 인생을 위해 마땅히 치러야 할 수업료라고 생각했다. 백화점 모니터 일을 하면서 마케팅과 소비자, 서비스 정신에 대해 배울 수 있었으므로.

그러다 아이와 함께 떠난 뉴질랜드에서 또 다른 가능성을 발견했다. 뉴질랜드에서 6개월 정도 생활하자 사업 아이템이 보이기 시작한 것이다. 당시 뉴질랜드에 와서 공부하는 한국학생들이 많았는데 내가 데리고 있으면 현지 홈스테이보다 아이들을 훨씬 안전하고 즐겁게 해줄 자신이 있었다. 그래서 이듬해 한국학생 5명을 데리고 뉴질랜드의 크라이스트처치에서 첫 번째 기숙사형 스쿨캠프를 시작한 것이다. 두 번째 캠프까지도 아무런 수익이 발생하지 않았다. 학생 다섯 명 중 한 명은 내 아들 형석이였고 선생님도 1명 데려갔으니, 비행기값, 생활비, 학비, 여행비, 선생님 월급까지 제하고 나면 돈을 더 보태야 하거나 그곳에서 따로 아르바이트를 해야 할 때도 있었다. 하지만 정말 행복했다.

나도 그때까지 내가 아이들을 그렇게까지 좋아하는 줄 알지 못했다. 대장이 되어 아이들과 함께 한 줄로 서서 숲속을 거닐며 그때 한창 유행하던 '마법의 성'을 목청껏 부르던 기억은 지금도 생생하다. 맨발로 학교에 뛰어가는 아이들, 마당에 주렁주렁 열린 키위를 따먹는 아이들을 보며 난 아이들을 가르치는 것이 행복하다는 생각을 처음 하게 되었다. 주위 사람들은 돈도 안 되는 일에 그렇게 열정을 보이며 뛰어다니는 나를 이해할 수 없다며 안타까워 했다. 하지만 돌이켜보면 내가 아무런 계산도, 이익도 따지지 못했던 바보여서 정말 다행이라고 생각한다.

내가 만약 수익을 따졌다면 내 평생 그렇게 행복한 시절을 보내긴 어려웠을 것이고 삶의 진정한 재미도 알지 못했을 것이다. 마지막 캠프를 접고 한국에 돌아와 보니 통장에는 딱 1,000만 원이 남아 있었다. 누구는 타지에서 5년이나 일하고 겨우 1,000만 원을 남겼으니 실패한 것 아니냐고 하겠지만 내게는 그 시간이 값진 축복이었다.

마음만 먹으면 어느 누구보다 멋진 캠프 프로그램을 만들 능력을 배웠고, 언제든지 연락하면 달려와줄 다국적 친구들을 사귀었으며, 뉴질랜드의 끝에서 끝까지 실컷 여행하며 자연의 광활함과 아름다움을 가슴에 새겼으며, 언제 어디서든 어떻게든 먹고살 수 있다는 자신감과 기다리는 법, 즐기는 법 등을 배운, 고마운 5년이었다. 더구나 키즈엔리딩을 창업하는 결정적인 아이디어를 얻게 된 것도 바로 뉴질랜드 캠프를 통해서였으니, 이 모든 것을 더하면 수십 억보다 더 가치 있는 것을 얻었다고 자부한다.

'경험'은 인생 최고의 투자다. 또한 실패의 경험에서 나온 아이디어일수록 유독 빛이 난다. 만일 지금 새로운 일을 시작하려 한다면 당장의 소득에 연연하지 말고 경험을 배운다는 자세로 임하라. 경험은 최고의 투자처다. 배우겠다는 목표를 세우고 열심히 일하다 보면 어느새 훌쩍 높아져 있는 자신의 가치를 보게 될 것이다. 그때 자신의 가치에 합당한 보수를 요구해도 늦지 않다.

# 작게 시작해야 성공이 보인다

강남대로를 지나가다 보면 한 집 건너 하나씩 커피 전문점이 있다. 나는 커피를 무척이나 좋아해서 맘에 드는 곳이 보이면 커피 한잔씩 마시곤 하는데, 고객 입장에서야 많은 브랜드 중 하나를 선택할 수 있으니 좋지만 점주 입장에서는 치열한 경쟁이 버겁진 않을까? 우리나라 전체 취업자 가운데 30% 정도가 자영업 종사자이며, 그중 1/3이 최저 생계비도 벌지 못한다는데 말이다. 강남의 비싼 임대료와 인건비, 인테리어비, 높은 가맹비를 내고도 유지되는 걸 보면 커피를 마시는 이들이 그렇게 많은지 궁금하다. 혹시 겉으로 보이는 화려함 뒤에 사업적인 고충이 숨겨져 있는 건 아닐까? 생각만 해도 무섭기만 하다.

내가 유난히 사업을 하는 데 겁이 많은 것은 우리 아버지 때문이다.

늘 부지런하고 열정적이었던 우리 아버지는 마포에서 꽤 큰 인쇄업을 하셨다. 항상 무섭고 위엄이 넘쳐흘러 옆에 있어도 감히 말을 못 붙일 정도였다. 그런데 어느 날 학교에 다녀오니 아버지가 땅바닥에 털썩 주저앉아 고개를 숙인 채 아무 말씀도 하지 않고 계셨다. 당시 돈으로 6,000만 원이라는 금액이 부도가 났다고 했다. 하지만 어린 내가 더 놀랐던 것은 항상 높은 산 같은 존재였던 아버지가 하루아침에 나약한 모습으로 변해버린 것이었다.

물론 아버지는 나중에 재기하셨지만 나는 그때부터 사업은 자칫 언제 망할지 모르는 시한폭탄 같다는 생각이 들었다. 그래서 주말도 없고 가족도 돌보지 못하고 매일 바쁘게 살아야 하는 사업을 하는 남자보다는 월급쟁이에게 시집가게 해달라고 기도했고 지금의 남편과 결혼을 했다. 그랬던 내가 크건 작건 간에 '사업'이라는 것을 하고 있다. 하지만 결코 아버지처럼 조바심을 내야 하는, 간 떨리는 사업은 아니다. 작지만 부도날 염려도 없고 크게 골머리 썩지 않고 주말에는 가족과 시간도 보낼 수 있다는 점에서 전혀 다르다.

나는 사업을 하는 아버지를 보면서 내 나름대로 창업의 원칙을 세웠다. 첫째, 초기 창업자금이 우리 집의 경제상황에 큰 변동을 일으키지 않아야 할 것. 둘째, 내가 충분히 경험해서 자신 있는 일이어야 할 것. 셋째, 주말에는 가족과 함께 보낼 수 있는 시간이 보장되어야 할 것.

그러다 우연히 철학관을 가게 되었는데 나의 첫 번째 창업 원칙을 만족시키는 시스템을 연상했다. 친정엄마와 함께 오래 전에 예약을 하지 않으면 들어갈 수 없다는 유명한 철학관을 찾아간 날이었다. 네비게이션에 주소를 찍어도 나오지 않을 만큼 외진, 서울에 아직도 이런 집이 용케도 남아 있다 싶을 만큼 허름한 집이었다. 당연히 간판도 없고 새벽이라 주위에 인적도 드물어 '이런 집에 들어가도 별일이 없을까?' 하고 걱정하며 문을 열었는데 우리 모녀는 깜짝 놀라고 말았다.

한 칸짜리 방과 거실에 걸어다닐 틈도 없이 빼곡하게 앉아 있는 사람들이 무려 30여 명. 그저 일찍 온 사람이 바로 뒤에 오는 사람에게 연필로 끄적거린 번호표를 나누어주는, 그러다가 도사님이 번호를 부르면 조용히 들어가 상담하고 돈을 내고 나오는 광경이 펼쳐졌다.

하지만 아무도 이 공간이 좁다거나 더럽다거나 서비스가 엉망이라는 등의 불평을 하지 않았다. 불만이 있으면 그냥 가면 되고 필요하면 기다렸다가 도사님을 만나는 것이 바로 그 철학관의 시스템이다. 나는 차례를 기다리며 이 일사불란한 시스템을 주의 깊게 관찰하기 시작했다. 한 명당 5만 원이니 하루에 100명을 만난다면 하루에 500만 원이다. 도사님 혼자서 다 하시니 월급이 나갈 걱정은 안 해도 되고 집세 걱정도 없을 것 같다. '사업자로 등록은 하셨을까?' 주 3일만 일해도 직원 몇 명을 거느린 일반 사업체보다 알짜일 것 같다는 생각이 들었다.

'그래 맞아, 이거야! 나의 첫 영어도서관을 이런 시스템으로 만들겠어! 이렇게 간단한 시스템만 구축하면 돈은 크게 걱정하지 않아도 되니 아이들을 열심히 가르치는 데만 신경 써야지! 내 자유시간도 알차게 보내야지!'라는 야무진 다짐과 함께.

앞에서도 말했다시피 나는 형석이와 광범이가 읽었던 책 100권과 비디오테이프 50개를 밑천으로, 이렇다 할 자금 없이 작은 공부방을 시작했다. 무리해서 투자하지 않았으니 내 마음대로 일할 수 있어서 좋았다. 망해도 본전이니 수익과 관계없이 해보고 싶은 대로 이것저것 시도할 수 있었던 것이다. 정신적인 에너지, 즉 스트레스를 적게 받는 대신 남는 육체적인 에너지를 프로그램 개발과 아이들 가르치는 데 쏟을 수 있었다. 돈을 투자하는 대신 아이들에게 더 효과적인 읽기 프로그램을 만들어주기 위해 방방곡곡을 돌아다니며 '시간'을 투자했다.

크게 벌이지 않고 작게 시작했을 때의 좋은 점은 큰 성과를 바라지 않으니 작은 성취감을 자주 맛볼 수 있다는 것이다. 반복된 성취감은 내게 자신감을 주었고 조금 더 큰 꿈을 꿀 수 있게 했다. 작지만 키즈엔리딩이라는 브랜드도 생겼다.

여전히 나는 실패하면 나락에 떨어질 만한 모험은 결코 하지 않는다. 뭘 그리 소심하게 구냐고 할 수도 있겠지만, 소심하면 소심한 대로 자기 성격에 맞춰 행동하다 보면 오히려 걱정하지 않고 일을 할 수 있다. 실패가 두려워 창업이 망설여진다면 방법은 단 하나다. 작게 시작하면 된다. 돈이 없거나 자신감이 콩알만 하다면 그에 맞게 시작할 수 있는 것들을 찾아라. 작게 시작해서 원하는 대로 자신의 사업을 만들어가면 어느새 성공이 보일 것이다.

# 내가 행복해야 아이들도 행복하다

아무리 별다른 부담 없이 시작했다고는 해도 공부방을 차린 후 1~2년 간은 잠을 잘 이루지 못했다. 같이 자는 남편은 밤이면 밤마다 한숨 쉬 며 뒤척이는 나를 보며 "이 침대는 둘이 자는 게 아니라 학생이랑 그 부모님들과 함께 자는 것 같다."고 불만을 드러냈다.

아무래도 내 성격은 극소심주의에 가까운 것 같다. 작은 사건 하나 도 그냥 넘어갈 수 없는 성격 때문에 학생들이 수업 중 그날 내게 한 말들이나 엄마들이 전화 통화하며 한 말들을 두고두고 떠올리며 나를 책망하느라 도저히 잠을 이룰 수가 없었다. 아이들이 공부방을 그만 두기라도 한 날은 방문을 걸어 잠그고 이불을 뒤집어쓴 채 꺼이꺼이 흐느껴 울었다.

그런 날이면 우리 집 분위기는 그야말로 초상집이 되었다. 남편은 "대체 얼마나 번다고 이렇게 생색이냐며 이럴 거면 제발 그만두라."고 신경질을 냈다. 지금은 아이들이 공부방을 그만두는 데 담담하게 반응하지만, 우리 아이는 아직도 내가 조금이라도 불편한 얼굴을 하고 있으면 "엄마, 왜 그래요? 오늘 또 학생이 그만뒀어요?" 하고 묻는다.

이런 예민한 성격 탓에 결국 나는 몇 년 동안 극심한 편두통에 시달리게 되었다. 밤이고 낮이고 한쪽 머리가 이유 없이 지끈거리고 아픈데다 속까지 메슥거렸다. 긴장해서 그런가 하고 진통제만 먹었는데 몇 해 지나자 약도 들지 않았다. 나는 그제야 큰 병인가 싶어 병원에 가서 정밀검사를 받았다.

'내가 너무 막 살았구나. 남 생각만 하다가 정작 내 몸은 챙기지도 않았구나.' CT와 MRI, 뇌파검사를 받으며 나는 마음속으로 '제발 살려주세요. 이젠 정말 열심히 살지 않고 대충대충 편안하게 살게요.'라고 기도했다.

일주일 동안 별의별 생각을 다하다 결과가 나오는 날 병원에 갔다. 그런데 의사가 "머리에는 아무 이상이 없습니다. 하지만 성격진단 검사결과 보기 드물게 내성적인 성향인데 외향적으로 사시느라 노력을 많이 하시네요. 그래서 머리가 더 아프실 수도 있어요."라고 말하는 게 아닌가. 큰 병이 아니어서 기쁘기도 하지만 힘이 갑자기 빠지는 느낌이 들었다.

평생을 사람들과 만나면 항상 기분 좋게 웃으며 말 잘하는 사람으로, 사교적인 사람으로 살아야 하는 게 옳은 줄 알고 그렇게 노력하며 살았는데, 그렇게 되려고 최선을 다했는데 그게 아니라고 하니 어딘지 모르게 혼란스러웠다. 정답이라고 생각하는 방향대로 살았고 그게 나다운 거라 믿었는데 그게 나를 괴롭힌 원인이었다니 왠지 서글퍼졌다. 누가 억지로 시킨 것도 아니었는데 "원영빈은 항상 밝아. 말도 잘하고 유쾌한 사람이지."라는 사람들의 말에 나를 끼워 맞추려 한 것이다. 그것을 인정하고 받아들이는 데까지 그 후로도 많은 시간이 걸렸다. 나를 인정하고 생긴 대로 살겠다고 마음먹으니 그동안 나를 괴롭히던 편두통도 씻은 듯 사라졌다.

덕분에 나는 사람마다 성격도 행복의 기준도, 삶의 방식도 다르다는 것을 인정하게 되었다. 어떤 사람은 돈을 많이 벌지 않아도 남편이 벌어오는 월급에 만족하면서 저녁이면 맛있게 차린 요리를 내놓는 것을 행복이라 여기는 사람도 있고, 일의 성취감과 그에 따른 금전적인 보상을 누리면서 행복을 느끼는 사람도 있다. 행복은 세상이 정해놓은 기준에 자신을 끼워 맞추는 것이 아니라, 내가 원하는 나만의 행복을 찾아가는 것이다. 내가 행복해야 가족이 행복하고 가족이 행복해야 사회가 행복하다.


몇 해 전 어느 선생님이 나를 찾아왔다. 공부방을 하고 싶은데 아이들 가르치는 것을 좋아하지만, 성격이 내성적이라서 아이들과 어울리지 못할까 봐 걱정이라는 분이었다. 나는 자신 있게 말했다.

"선생님, 성격을 억지로 고치려 하지 마세요. 그냥 선생님답게 사세요. 아이들도 중요하지만 공부방도 결국 선생님 행복을 위한 것인데 억지로 하다간 금방 탈이 납니다. 그냥 선생님 캐릭터를 살려서 신비주의 작전으로 나가세요. 선생님이 가지고 계신 열정과 정성을 조금씩 보여주면 결국 아이들도 부모님들도 다 알아보게 될 겁니다."

그 선생님은 아이들을 대하는 태도를 바꾸라고 말할 줄 알았는데, 내가 성격대로 하라고 하니 놀란 눈치였다. 현재 그 선생님은 자기만의 색깔을 가진 '부드러운 카리스마'의 대명사로, 공부방의 전 클래스가 마감되는 행복함을 만끽하고 있다. 바로 키즈엔리딩 2호점 마포성산점의 손혜진 원장이다. 나처럼 소심하거나 내성적인 사람이라고 사업을 하기 어렵다거나 성격 자체를 바꾸어야 한다고는 생각지 않는다. 자신의 성격과 능력에 맞게 일을 디자인하면 의도하지 않아도 그에 맞는 캐릭터가 만들어지는 것이다.

얼마 전 TV 프로그램에 혜민 스님이 출연해 "여러분, 아이에게 주는 엄마의 가장 큰 선물이 무엇인지 아세요? 그것은 엄마 스스로가 행복해지는 것입니다."라고 말하는 것을 들은 적이 있다. 아마도 자신의 행복이 먼저라는 것을 강조하고 싶었을 것이다.

자신의 성격과 능력을 알고 그에 맞게 일을 추진하는 것은, 지금 당장은 아니라 해도 반드시 행복한 성공과 직결된다. 따라서 일을 시작하기 전에는 반드시 자신의 성격과 소중하게 여기는 가치에 대해 진지

하고 신중하게 생각해봐야 한다. 일을 시작하기 전에 내가 무엇을 좋아하는지, 나의 성격은 어떤지 정확하게 파악하자. 거기서부터 모든 것이 시작된다.

사람을 만나는 일이 맞지 않는 사람은 집에서 할 수 있는 일을 찾으면 된다. 인생을 너무 어렵게 살지 말자. 내가 행복해야 자식도 행복하고 남편도 행복한 법이다. 행복한 기운은 주위 사람들에게 전염되기 마련이다. 내 행복이 세상을 바꾼다는 마음가짐으로 일하면 어떨까.

# '리액션'의 고수가 돼라

난 유난히 잠도 많고 어디서든 쉽게 잘 자는 편이다. 특히 기차나 버스 등에 타기만 하면 수면제를 먹은 것처럼 어찌나 잘 자는지, 나를 아는 사람들은 나의 건강비결이 아무 데서나 잠을 잘 자기 때문이라고 할 정도다. 그런데 유독 여행을 가서만은 예외다. 많은 것을 보고 듣느라 바빠서이기도 하지만, 관광버스 가이드가 말하는데 쿨쿨 자는 것은 예의가 아니라고 생각하기 때문이다.

뉴질랜드의 케리케리에서 스쿨캠프를 진행하면서 아이들과 오클랜드로 가는 버스를 대절해 여행을 떠났을 때였다. 뉴질랜드 기사 아저씨는 한국에서 온 꼬마 친구들을 위해 자신이 평생 알고 지낸 뉴질랜드에 대한 정보를 모두 알려주겠다는 듯 마이크를 들고 설명을 시작했는데, 정작 우리 아이들은 약속이나 한 듯 한 명도 빠짐없이 온갖 요란한 표정과 몸짓을 구사하며 졸고 있었다.

"어쩌면 좋지? 다들 일어나서 빨리 아저씨 말씀 들어라! 이게 다 영어공부야!" 하며 아이들을 깨웠으나, 아이들은 아저씨의 영어 설명이 자장가처럼 들리는지 더욱 깊은 잠에 빠져들고 말았다. 이러한 침묵에도 불구하고 아저씨는 한번 시작한 얘기를 좀처럼 멈추지 않았다. 나는 아저씨의 갸륵한 마음을 외면할 수 없어서 나의 주특기인 리액션을 발휘하기 시작했다. 어차피 운전 때문에 앞만 보고 달려야 하는 아저씨에게는 미안하지만 말이 끝날 때마다 기계적으로 "really? Oh yeah, oh my god. great, why?" 등을 연발했더니, 4시간 동안 끊임없이 재미있는(?) 이야기를 하시며 우리를 안전하게 오클랜드까지 데려다주셨다. 덕분에 우리 아이들은 무려 4시간 동안이나 충분한 수면을 취할 수 있었다.

아이들을 가르치는 데도 '리액션'은 중요하다. 키즈엔리딩 선생님들의 특기 중 하나가 바로 리액션이다. 아무래도 아이들을 상대하다 보니 리액션이 생활화되어 있는데 택시만 타더라도 반사적으로 리액션을 하게 된다. 오죽하면 우리 선생님들이 택시만 타면 이야기가 끊이지 않는다고 하니, 직업병도 이런 직업병이 없을 정도다.

농담처럼 말하긴 했지만 적절한 리액션이야말로 상대와 대화를 부드럽게 이끌어가는 데 핵심적인 기술이다. 약간의 리액션만 더해도 훨씬 많은 이야깃거리를 이끌어낼 수 있다. 일대일로 아이들을 가르쳐야 하는 직업을 가진 사람에게는 없어서는 안 될 기술이라 해도 과언이 아니다.

TV 토크쇼를 진행하는 진행자와 패널들을 자세히 지켜보면 하나같이 리액션의 고수들이다. 단순히 대답을 잘하는 정도의 리액션이 아니라, 감탄사에서부터 표정, 몸짓까지 어느 것 하나 빠지지 않는다. 게다가 자신의 이야기를 하기보다 상대에게 적절히 반응해줌으로써 긴장감을 풀어준다. 초대된 주인공이 이러한 리액션에 힘입어 자신의 개인사를 가감 없이 털어놓는 것을 보았을 것이다.

아이들도 마찬가지다. 그래서 우리는 아이들과 소통하기 위해 망가질 각오가 되어 있는 사람들처럼 작정하고 리액션을 한다. 처음에 리액션이 얼마나 중요한지, 어떻게 해야 하는지를 강조하면, 별걸 다 가르친다는 표정을 짓는 분들도 있지만, 아이들 코칭에 얼마나 도움이 되는지 알고 나면 나보다 더 현란한 리액션을 구사하는 분들이 많다. 아이들이 선생님과 대화하는 시간을 기다릴 정도로 말이다.

하지만 가장 중요한 것은 진심이다. 의미 없는 리액션과 진정성이 담긴 리액션은 아이들이 훨씬 잘 구별한다. 그중 아이들이 좋아하는 리액션을 몇 가지 소개할까 한다.

내가 예상했던 것보다 숙제를 잘하거나 책을 잘 읽은 아이에게는 코칭을 하다 말고 벌떡 자리에서 일어나 박수를 치며 힘껏 외친다. "브라보!" 당사자는 물론이고 옆에서 책을 읽던 아이들까지 놀라서 쳐다

보지만, 기를 살리기 위해서라면 아무래도 상관없다. 대부분의 아이들이 어리둥절해 하면서도 만족스러운 표정을 짓는다. 두 손을 마주잡고 '난 네가 해낼 줄 알았어! 너처럼 훌륭한 아이가 길 건너 유명학원도 안 가고 옆 동네 공부방도 안 가고 키즈엔리딩에 와줘서 고마워!'라고 감격스러운 눈빛을 보낼 때도 있다.

학교에서 상을 탔다거나 회장이나 부회장으로 당선되었다고 말할 때도 마찬가지다. 마치 내 아이의 일처럼 맨발로 뛰어나가 키즈엔리딩을 빛내주어 고맙다며 신이 나서 춤을 춘다. 처음에는 의아한 눈으로 바라보던 아이들도 어느덧 자랑할 거리만 있으면 내게 알려주기 위해 뛰어오거나 나와의 대화를 더더욱 기대하기 시작했다. 감동의 리액션을 아낌없이 보여주자 나를 감동시키기 위해 아이들은 열심히 책을 읽기 시작했고, 내 대신 문법을 설명하는 아이에게는 진심으로 선생님처럼 대해주니 아이들은 스스로 알아서 공부하기 시작했다.

나처럼 이렇게 요란스럽게, 상대의 의도와 상관없이 신나게 행동하는 리액션이 있는 반면, 100만 불짜리 조용한 미소와 상대를 배려하는 세심한 리액션으로 마음을 사는 선생님들도 많다. 리액션도 성격에 따라 다르니 꼭 남을 따라 할 필요는 없다. 하지만 앞에서도 말했듯이 하나만 명심하자. 진심이 빠지면 아무리 세련된 리액션이라도 우스워지기 쉽다는 걸.

내가 아이들에게 보여주었던 리액션은 100% 진심이었다. 1학년 아이들이 가방을 메고 학교에 가는 것도 신기하고, 하루에 5권 이상 영어책을 습관적으로 읽는 것도 신기하고, 친구들과 뛰어놀고 싶었을 텐데 온 것도 기특하고. 아이들이 하는 행동이라면 무엇이든 신기하고 기특하고 고마워서 나도 모르게 리액션의 고수가 된 듯하다. 공부방과 학원이 가장 다른 점이 있다면 공부를 가르치는 것과 하게 만드는 것의 차이가 아닐까. 진심 어린 리액션이야말로 아이들 스스로 공부하는 원동력이 되어줄 것이다.

# 공부방의 '전속모델'로 거듭나라

"여기에 우리 아이들 보내고 싶어요", "여기서 책을 읽으면 왠지 집중이 잘될 것 같아요!"

처음 키즈엔리딩에 상담 온 부모님들은 하나같이 비슷한 반응을 보인다. 어떤 프로그램보다 그들의 마음을 움직인 건 바로 책 읽는 데 안성맞춤인 분위기였다. 인정하고 싶진 않지만 시각적인 부분은 외면할 수 없다. 따라서 공부방을 대표하는 선생님의 분위기와 외모도 무시할 수 없는 요소다. 프로그램을 설명하는 자신감 있는 말투와 세련된 옷차림은 공부방의 가치를 더욱 높이는 데 한몫 한다.

얼마 전까지 나는 대한민국 여성의 표준체형이었다. 아니 그렇게 믿었다. 누구나 나를 보면 뚱뚱하다는 말 대신 보기 좋다는 말로 나를 위로해주었고, 한 달에 한 번씩 만나는 친정 엄마도 늘 왜 그리 말랐냐고 하시기에 내가 꽤 괜찮은 줄 알고 오랜 시간을 살아왔다. 그러다 다이어트에 성공한 어느 선생님의 말이 나를 착각에서 구해주었다.

"대표님은 4kg만 빼세요. 그럼 훨씬 멋있을 거예요."

그 말 한마디에 시작한 다이어트. 나는 3개월간의 피나는(?)노력 끝에 4kg을 감량했다. 66사이즈에서 55사이즈가 되니 내가 모르는 세상이 펼쳐졌다. 사이즈가 작으면 같은 옷을 입어도 더 예뻐 보인다는 것을 알게 되었고, 얼굴이 갸름해지면서 더 젊어 보인다는 얘기를 듣기 시작했다. 남편이 나를 보는 눈도 달라졌다. 가장 큰 변화는 나에 대한 아이들의 평가가 달라진 것이다. 언젠가는 "원장님, 예전엔 아줌마 같았는데 지금은 세련된 원장님 같아요."라는 말에 뒤로 넘어갈 뻔한 적도 있다.

우연히 본 '인간의 두 얼굴'이라는 다큐프로그램도 나를 바꾸는 계기가 되었다. 옷차림과 외모에 따른 사람들의 평가를 실험 카메라로 취재한 내용인데, 한 남자가 편안한 옷차림을 하고 쇼윈도 앞에 서 있었다. 지나가는 사람들에게 그 남자에 대한 평가를 물었더니, 사람들의 평가인즉슨 연봉은 1,000만 원 정도에 게을러 보여서 데이트하고 싶지 않다는 의견이 대부분이었다. 이번엔 반대로 최고급 의상과 최신 헤어스타일, 멋진 안경으로 한껏 멋을 부린 후 같은 자리에 다시 섰다. 다시 인터뷰가 시작되자. 사람들의 반응은 완전히 달라졌다. 성격도 좋아 보이며 연봉 1억 정도의 의사나 변호사 같아서 데이트하고 싶다는 의견이 대부분이었다. 실험에 임한 사람은 방송국 PD로 평소 자신의 스타일에 자신 있었는데 상당히 의외라는 표정을 지었다.

나는 원래 꾸미는 걸 좋아하는 편은 아니었다. 백화점이나 미용실에 갈 때면 평소보다 몇 배는 더 옷차림에 신경 쓰는 친구들을 보며, 그냥 편한 대로 살면 되지 다른 사람들의 시선을 의식해야 할 필요가 있나 하고 안쓰럽게 여기는 쪽이었다. 하지만 그날의 실험 카메라를 보고 나를 다시 돌아보게 되었다.

처음 뉴질랜드에 갔을 때도 마찬가지였다. 화장도 하지 않은 자연스러움, 꾸미지 않아도 아름다운 뉴질랜드 여자들의 자신감이 부러웠다. 그래서 나도 그들을 따라서 화장하지 않고 자연스럽게 다녔다. 하지만 그것이 잘못되었다는 것을 깨닫기까지는 얼마 걸리지 않았다. 일단은 내가 아무것도 바르지 않고 맨 얼굴로 나다닐 만큼 젊지 않았고, 피부가 눈에 띄게 좋은 것도 아니었으며 체구도 작은 편이었기에 화장을 하지 않으면 왠지 초라해 보였다. 그 후로 나는 옷차림이 맘에 들지 않거나 화장을 하지 않은 날이면 바깥 출입을 자제하기 시작했다.

요즘 아이들은 내게 이름도 낯선 아이돌그룹의 사진을 보여주며 자기가 좋아하는 스타일을 설명한다. 내가 보기에는 다 예쁘고 멋지기만 한데 아이들 나름대로 명확한 스타일의 기준을 갖고 있다. 내가 학교 다닐 때만 해도 외모보다는 잘 가르치고 자상하고 재미있는 선생님이 더 인기가 많았다. 총각 선생님이라는 타이틀 하나만으로 첫사랑의 대상이 되어 전교생의 사랑을 한 몸에 받는 선생님도 있었다. 하지만 지금은 선생님도 스타일이 좋아야 아이들과 소통이 잘 된다. 아이들의 우상이 '스타일'로 좌우되는 시대가 된 것이다. 물론 선생님을 평가하는 기준을 한마디로 '스타일'이라고 단정 지을 수는 없으나, 그만큼 아이들과 가까워지려면 항상 스타일에 신경을 써야 한다.

아이들은 가끔 나를 뜨끔하게 하는 예리한 지적을 한다. "선생님, 지난번 파마머리는 너무 부스스해서 얼굴이 커 보였는데, 이번 커트머리는 얼굴도 작아 보이고 커리어우먼 같아요!"

4학년만 되어도 상대의 외모를 평가할 만큼 아이들은 스타일에 대해 관심이 많고 자신만의 의견이 뚜렷하다. 만일 내가 "학생이 그런 데 신경 쓰지 말고 공부나 열심히 해야지!"라고 말했다면 아이와 나의 소통은 단절되어버렸을 것이다. 아이가 선생님에게 그렇게 말해준다는 것은 그만큼 관심이 있다는 뜻이니 감사해야 한다.

이러한 이유로 나는 원장교육을 할 때마다 스타일을 강조한다.

"여러분, 지금 자신이 김태희보다 더 예쁘다고 생각하는 분 계신가요? 만약 그렇다면 민낯으로 아이들을 맞으셔도 되고요. 김태희보다 조금이라도 덜 예쁘다고 생각하는 분은 반드시 화장을 하시고, 어렵다면 최소한 립스틱이라도 바르시고 아이들을 맞이하세요. 그것이 학생 고객을 맞는 최소한의 예의입니다."

자기 집에서 아이들을 지도하는 선생님들이 간과하는 것 중 하나가 집과 일터를 구분하지 못하는 것이다. 남편들 출근시키고 아이들 학교 보내고 나면 어느덧 학생들 올 시간이 되어간다. 오전 중에 몇 가지 급한 일을 처리하고 나면 그나마도 시간이 빠듯하다. 그러다 보면 가정주부의 모습 그대로 학생들을 맞이하기 쉽다. "아이들만 잘 가르치면 되지 외모가 무슨 상관이냐."는 선생님도 있겠지만, 아이들은 깔끔한 옷차림의 선생님을 보면 더 긴장하게 된다.

2년 전 한 선생님이 키즈엔리딩을 찾아오셨다. 아이들을 열심히 가르치기로 동네에서 소문난 공부방 선생님이셨다. 그런데 건강이 좋지 않아 살이 많이 찐 상태였다. 나보다 훨씬 어렸는데 화장기 하나 없는 얼굴에 머리에는 새치까지 있어서 실제보다 나이가 들어 보였다. 하지만 아이들에 대한 사랑과 자신감으로 눈이 반짝였던 선생님의 열정에 반해 같이 키즈엔리딩을 해보지 않겠느냐는 제안을 했다. 그 제안은 받아들여졌는데, 놀랍게도 선생님은 1년도 되지 않아 완전히 달라졌다. 70kg이 넘던 몸이 48kg의 S라인이 되어 초미니 스커트를 입고 나타난 것이다. 살이 빠졌는데도 오히려 피부는 더 탱탱해 보였다. "헉, 선생님 어떻게 된 거예요? 도대체 무슨 일이 있었던 거예요?"

이야기를 들어보니 키즈엔리딩을 시작하며 우연히 예전에 같이 근무했던 선생님들을 만났는데, 자신이 그동안 너무 많이 흐트러져 있음을 깨닫고 그때부터 하루에 점심 한 끼만 드시면서 살을 빼셨다고 했다.

"그럼 얼굴은 어떻게 된 거죠?" 외모에 부쩍 관심이 많아진 나는 거침없이 이것저것 물어보았다. 갑자기 살을 빼면 얼굴에 주름이 생기고 처진다고 해서 몸에 좋다는 비타민, 콜라겐 등을 부지런히 챙겨먹고 있어요." 선생님의 얼굴에는 자신감이 가득했고 목소리는 낭랑했다.

외모에 대한 자신감이 얼마나 사람을 바뀌게 하는지 그제야 실감할 수 있었다.

'아! 이 사람은 반드시 성공하겠구나!'라는 강한 확신이 들었다. 1kg 빼기도 어려운데 30kg 이상을 혼자 감량하다니 자신뿐 아니라 다른 사람의 인생에까지도 영향을 미칠 만큼 대단한 의지가 아닌가. 준비된 강의력과 학생에 대한 사랑과 열정, 완벽한 S라인까지 갖추고 돌아오신 그 선생님에게 학생들은 어떻게 반응했을까? 대답은 기다릴 필요도 없었다. 선생님은 학생들이 무엇을 원하는지 어떤 소통을 해야 하는지, 어떤 고민부터 아이들과 함께 해야 하는지를 몸을 만들면서 깨달은 듯했다. 현재 그 선생님이 운영하는 공부방은 6개월 이상을 기다려야 할 만큼 대기하는 학생이 많다.

선생님의 제자들을 만나보니 선생님 자랑에 여념이 없었다. 아이들이 선생님의 외모만 자랑스러워했을까? 아니다. 아이들은 선생님이 얼마나 자신들을 잘 이해해주는지, 얼마나 재미있게 가르치는지에 대해 숨도 쉬지 않고 자랑을 늘어놓았다. 아이들과 가까워지려고 체중까지 감량한 선생님이라면, 그 안에는 어마어마한 잠재력이 존재할 것이다. 나는 초심을 잃을 때마다 그 선생님을 떠올리며 마음을 다잡곤 한다.

# 문자와 전화통화, 매너를 지켜라

공부방을 한 지도 어느덧 8년이 넘었지만 솔직히 나는 아직도 어머님들과의 만남이 제일 두렵다. 이 일을 시작하고 나서 사업 설명회와 학부모 간담회를 수도 없이 했지만, 아직도 마냥 편하지만은 않은 모양이다. 그나마 상담은 미리 시간약속을 하기 때문에 무슨 이야기를 할지 미리 종이에 써두면 되지만, 동네 수퍼에 가는 차림으로 길에서 부모님들을 우연히 마주칠 때면 손으로 얼굴을 가리고 미안해하며 되도록 빨리 짧은 인사 정도로 끝낸다.

직접 만나서 이야기하는 것도 어렵지만 상대가 보이지 않는 상태에서 하는 전화 역시 손에 땀이 밸 만큼 긴장이 된다. 아무래도 내성적인 성격 탓일까? 전화통화를 하면 상대방의 질문에 바로바로 답해야 하는데 뭐라 말해야 할지 모를 때도 많다. 괜히 두서없이 말했다가 통화 후에 폭풍처럼 밀려오는 '하지 않아도 되었을 말을 한 것'에 대한 자책감으로 괴로워하기 일쑤다.

그래서 직접적인 전화통화 대신 내가 택한 방법이 바로 휴대폰 문자다. 딱히 자세히 설명해야 할 경우를 제외하고는 할 말을 요약, 정리할 수 있다는 장점 때문에 문자를 더 선호하는 편이다. 카톡도 있지만 부모님들과는 카톡을 주고받지 않는다. 카톡은 문자에 비해 반 통화라 할 수 있을 만큼 호흡이 짧다. 게다가 요즘 젊은 엄마들은 휴대폰 자판 입력이 어찌 그리 빠른지. 카톡에서는 받침이고 띄어쓰기고 죄다 무시하고 빠르게 메시지를 주고받는 게 일반화되어 있어, 나 또한 그렇게 답변해야 하는지 아니면 시간이 걸리더라도 예의를 다해 정성스럽게 보내야 할지 고민스럽다.

사소한 일에 신경을 쓴다고 볼 수도 있겠으나 내 글이 정리되지 않은 상태로 상대의, 그것도 학부모의 휴대폰에 계속 남아 있다고 생각하면 찜찜한 건 사실이다. 그래서 카톡으로 대화해야 할 상황이라면 차라리 전화를 건다. 통화는 적어도 글로 남지는 않으니 말이다. 카톡에 비해 휴대폰 문자는 잠시 생각해볼 여유를 갖게 한다. 아이에 대한 선생님의 의견이나 확정된 일정 안내, 공지사항을 보내기에는 문자가 가장 적합하다. 이메일이나 쪽지는 상대가 읽어보지 않을 수도 있다. 대신 문자를 보낼 때는 정신을 집중하여 맞춤법이나 띄어쓰기가 틀리진 않았는지, 무엇보다 수신자가 맞는지를 반드시 점검해야 한다. 실제 수신자를 확인하지 않아 낭패를 본 사례를 들은 적이 있다.

　A는 중소기업체 사장이다. 그는 자기 회사의 물건을 대기업에 납품하기 위해 중간 소개자 B와 함께 대기업의 담당 과장 C를 만났다. C는 젊고 유능했지만 납품을 위해 온 A와 B에게 건방지고 무례하게 굴었다. 하지만 노력 끝에 계약은 성사되었고 A는 C에게 계약서를 이메일로 보내면서 중간에 소개해준 B에게도 감사의 글과 함께 C에 대한 험담을 써서 보냈다. 그런데 그 메일이 B가 아닌 C에게 전송되면서 계약은 결국 없던 일이 되었다. 문자도 메일과 마찬가지로 보내기 버튼을 누르기 전에 수신자 확인을 철저히 해야 한다. 아래는 학부모와 문자를 주고받을 때 주의해야 할 몇 가지 사항들이다.


1. 문자나 메일을 보내기 전, 수신인이 맞는지 한 번 더 확인하라.
2. 구어체는 삼가라.
3. 감정을 표현하기 힘들 땐 적당한 이모티콘을 활용하라.
4. 학부모와의 대화에서는 'ㅋㅋ' 혹은 'ㅎㅎ' 등을 자제하라.
5. 오타는 물론 띄어쓰기도 신경 써라.
6. 학부모 질문에 대한 답변을 쓸 때면 질문해주셔서 감사하다는 말을 덧붙여라.
7. 바로 해결되지 않는 질문은 하루나 이틀 고민해보고 연락드리겠다는 문자를 보내야 한다. 성급한 답변보다는 상대를 조금 기다리게 하는 편이 낫다.

8. 주어와 술어를 확실히 구분한다.

9. 행여 기분 나쁜 문자를 받더라도 절대 바로 답하지 마라. 선생도
   사람이기에 아무래도 감정이 섞일 수 있다. 억울해도 참았다가 감
   정이 정리되면 문자나 전화를 한다.


어떤 일이든 상대에게 나의 의견이 정확하게 전달되지 못할 때가 있
는 법. 특히 문자로 깊은 의견까지 나누기엔 부족할 때가 있는데 그때
는 바로 전화를 하는 게 좋다. 서로가 불편한 상태일 때는 문자를 통
해서도 오해가 생길 수 있는 법. 교육비 안에는 아이의 교육에 관한 정
보와 안내에 대한 것도 포함되므로, 오해라 할지라도 그 오해를 친절
하게 풀어갈 의무와 책임이 있다.

자신의 설명을 못 알아듣거나 내 의견을 무시한다고 본인의 성격대
로 가시 돋친 대꾸를 한다면, 그것은 진정한 교육 서비스가 아니다. 바
꾸어 생각해보면 전화나 문자를 보내는 것은 그만큼의 관심이요, 아이
를 계속해서 공부시키고 싶다는 또다른 표현이다. 그러니 감사하게 받
아들이고 문자와 전화통화에 더더욱 정성을 들이자.

## 슬럼프는 영원한 동반자다

"대표님! 어제 한 친구가 갑자기 말도 없이 그만뒀어요. 제가 알파벳도 모르던 아이를 책을 줄줄 읽게 만들었는데 다른 학원으로 옮긴다네요. 너무 속상해서 말도 안 나와요!"

울먹이며 한 원장님이 전화를 걸어왔다.

"아, 선생님, 정말요? 이럴 수가! 너무 속상하시겠어요. 밤에 잠도 못 주무셨겠네요. 어떡하나! 그런데 그 친구도 아쉽다. 계속 했으면 《해리포터》까지 다 읽고 기쁜 마음으로 졸업했을 텐데 그러지 못해 속상하신 거지요?"

"네. 조금만 더 있었으면 제가 꼭 그렇게 만들려고 했는데요. 앞에 새로 생긴 학원으로 옮기면서 다음날부터 못 온다며 엄마가 여기 끊고 거기로 가라고 했대요. 인사도 한마디 없이요. 자식처럼 혼신의 힘을 다해서 간식 챙겨가며 이만큼 책을 읽게 했는데, 고맙다는 말 대신 이렇게 헤어지니까 너무 서운한 거예요."

"선생님 속 많이 상하시지요? 많이 억울하고 서운하셔서 울고 싶은 마음 다 알아요. 하지만 그러려니 하세요. 아이에게도 선생님에게도 함께 할 수 있는 운이 거기까지인 거예요. 방법이 잘못됐긴 하지만 그 친구는 이제 그만둘 때가 되서 그만둔 거예요. 선생님이 잘못한 것도 아니고 지금까지 최선을 다하셨으면 된 거예요."

상처받은 선생님을 위로하다 보니 몇 해 전 갑자기 그만두는 아이들 때문에 방에 들어가서 이불을 뒤집어쓰고 목 놓아 울었던 내가 생각났다. "학생은 또 들어오는데 뭘 그런 일로 울기까지 하냐."며 위로하는 남편을 향해 "모르면 가만히 있어. 내가 뭐 학생 한 명 줄었다고 이러는 줄 알아?"라고 소리를 질러 온 집안을 싸늘하게 만든 적도 있다.

누구나 당연히 겪어야 하는 일이고 매번 경험하는 일이지만, 학생이 관뒀을 때의 기분은 뭐라 표현하기 힘들 만큼 슬프고 서글프다. 몇 해 동안 정말 내 자식보다 더 정성 들여 영어를 가르쳤는데, 감사하다는 말 대신 내일부터는 다른 학원에 가게 되었다는 말 한마디로 사이가 끝날 때가 있다. 서운한 마음을 감추고 아무렇지도 않은 척 "그랬구나! 그래도 오늘까지는 책을 빌려가서 읽고 아무 때나 가져오렴. 너는 어딜 가든 영어를 잘할 수 있을 거야."라는 말과 커다란 포옹으로 아이를 보내지만 내 마음에 생긴 커다란 상처는 쉽게 아물지 않았다.

당시 내가 할 수 있는 일은 내내 품고 있던 서운함과 더 잘 가르치지 못한 자책감을 억누르며, 울다 잠드는 정도였다.

슬럼프는 3년 주기로 찾아온다고 누가 그랬던가. 아이들이 그만두는 게 하루 이틀 일도 아닌데, 3년째에 접어들자 자꾸 그만두고 싶은 마음이 스멀스멀 기어올랐다. '이제 그만 하자. 내가 이 일을 한다고 가계경제에 큰 보탬이 되는 것도 아니고 일하면서 짜증만 느는데, 내가 이 일을 할 자격이 있는 걸까? 그래, 그만두자. 그냥 당분간 쉬면서 생각해보자. 애초에 이 길은 내 길이 아니었어. 아! 우리 집에 아무도 오지 않으면 얼마나 편할까? 아침 내내 집 치울 걱정 안 해도 되고, 냄새 날까 봐 피했던 생선도 맘껏 구워줄 수 있고.'

이렇게 생각하니 그동안 아무 것도 아닌 일에 조바심을 냈던 것이 미련하게만 생각되었다. 그만둘 결심을 하고는 아버지를 찾아갔다. 나는 큰 결정을 하기 전에는 꼭 아버지를 찾아뵙는다. 그래야 내 결심이 지켜질 것 같기 때문이다. 아버지에게 선포를 하고 나면 두 번 다시 내 결정을 번복하는 일은 없겠지 하며 말문을 열었다.

"아빠, 저 이제 이 일 그만 둘래요. 제가 엄청나게 위대한 교육자도 아니고, 보람도 없고, 그렇다고 큰돈을 버는 것도 아닌데 힘들기만 하고…." 나는 이런저런 이유로 공부방을 그만둬야겠다는 변명을 늘어놓았다.

아버지는 잠자코 내 말을 끝까지 듣더니 딱 잘라 말씀하셨다.

"형석이 아빠가 회사 그만두고 사업하기로 했다면서? 그러니 넌 그만두면 안 된다."

그 말에 나는 나갔던 정신이 다시 돌아온 듯했다. 당시 형석이 아빠는 15년을 다니던 회사를 그만두고 조그마한 유통회사에 투자하여 이사라는 직함으로 새 일을 시작한 직후였다. 평생 인쇄업을 하시던 아버지를 보면서 사업이 만만하지 않다는 것은 누구보다 잘 알고 있었다.

"네 신랑이 회사에 계속 다녔으면 네가 그만둬도 난 절대 상관하지 않겠다. 하지만 이젠 완전히 사정이 달라졌다."

그랬다. 남편이 처음 몇 달간은 투자한 회사에서 예전 월급의 몇 배를 받아오더니 그 후 몇 달 동안은 아무것도 가져오지 않고 있었던 것이다. 내가 배부르게 이것저것 가릴 때가 아니었다. 그걸 왜 몰랐을까? 내 생활은 그 전과 너무 많이 달라져 있었다. 내 수입이 주된 수입원이 되어 어쩔 수 없이 일해야 하는 상황이 되자, 남편이 너무 밉고 무능해 보이기까지 했다.

하루 종일 일하고 나면 또 다시 시작되는 집안일. 밖에서 일하는 사람들과 달리 집에서 일한다는 이유로 내가 일한다는 사실을 잊었는지, 아들이고 남편이고 집에 들어오자마자 내게 이것저것 요구하기 시작했다. 참다못해 남편에게 지금은 집안일도 해야 하고 아이도 돌봐야 하고 공부방도 해야 하니, 셋 중 하나만 맡아달라는 선언을 했다. 쌓였던 불만이 폭발한 것이다.

결과적으로는 남편과 내가 모두 경제적으로 안정된 지금도 집안일은 같이 한다. 반반씩 나눠서 한다기보다는 서로 알아서 시간 있는 사람이 국도 끓이고 설거지도 하고, 빨래는 아쉬운 사람이 참다 참다 못해서 한다. 내가 힘들었던 이유를 생각해보니, 공부방을 운영하면서도 예전처럼 집안 일을 완벽하게 해내려는 마음 때문이었다. 밥과 국은 한꺼번에 많이 해놓고 먹고, 손이 많이 가는 반찬은 가끔 시장에 가서 사오고, 집은 주말에 한 번씩만 청소기로 대충 민다는 원칙을 세우고 포기의 경지에까지 이르니 아이는 벌써 고2가 되어 있다. 혼자 하던 일을 셋이 하니 훨씬 의지가 된 것은 물론이다.

슬럼프가 독이 된 것만은 아니었다. 부수입을 원해서 시작한 일이 먹고 살기 위한 일이 되면서 내가 만들어야 할 시스템이 다시 보이기 시작했다. 이것만 가지고는, 그리고 남편만 바라보다가는 아이 키우기도 어렵겠다고 생각하니 모든 것들이 부족해 보이면서 시스템과 프로그램의 정비가 절실하게 다가왔다. 아이들이 이탈하지 않을 수 있도록 프로그램을 재정비해야 했고, 좀 더 확실한 수입체계가 필요하다는 생각이 나를 더 절박하게 만들었다. 신기하게도 절박한 마음을 갖자 오히려 마음의 여유가 찾아왔다. 첫 가맹점이 생긴 것도 이 즈음이었다.

그 후로는 이 일이 내 천직이라는 생각이 든다. 아이들을 신나게 가르치는 것, 선생님들에게 교육 프로그램에 대한 티칭과 코칭, 그리고 사업적인 조언을 척척 하는 것이 정말 재밌고 행복하니 말이다.

어느 날은 선생님들에게 위로와 조언을 해주는 나 자신을 보며 이런 생각이 들었다.

'만일 내가 슬럼프를 겪지 않았다면, 정말 죽고 싶을 만큼 괴롭고 속상했던 일들이 하나도 없었다면 선생님들의 마음을 진심으로 헤아릴 수 있을까?', '남편에게 그런 시간이 없었다면, 내가 이 일을 그만두었다면 지금의 내가 있을까?'

힘들고 숨 막혔던 나의 슬럼프. 그러나 어쩔 수 없이 극복해야만 하는 상황들 덕분에 지금의 내가 이렇게 웃을 수 있다고 생각하니, 어느덧 슬럼프가 아름다운 삶의 동반자처럼 느껴진다.

힘들다고 포기하지 말고 내가 무엇을 할 수 있을지를 생각해보자. 그 순간 어느덧 반가운 미래가 내게 손짓하고 있을 것이다. 더 빨리 오라고 말이다.

# 사소함이 위대함을 만든다

　바람이 심하게 불던 날이었다. 홍대의 어느 카페 2층에 앉아 향이 좋은 커피를 즐기고 있었다. 넓은 창가로 보이는 거리의 비바람마저도 커피 향 덕분인지 아름다워 보였다. 그런데 카페 건너편 일층의 예쁜 레스토랑 앞에 세워진 현수막이 자꾸만 눈에 거슬렸다. 음식점 바로 앞에 세로로 세워진 현수막이었는데 바람이 불 때마다 계속해서 굉음을 내며 쓰러졌다. 바닥에서 현수막이 이리저리 돌아다니고 있으면 직원으로 보이는 사람이 나와 세우기를 수 차례. 그러다가 또 바람이 불어 쓰러지고 또 직원이 나와서 세우고, 내가 있는 두 시간 남짓 10번 넘게 같은 일이 반복되는 것을 보고 있으려니 속에서 화가 치밀어 오르면서 내가 내려가서 세워놓고 싶었다. 요즘 현수막의 거치대에는 물을 넣게 되어 있어서 물만 가득 넣으면 절대 쓰러지지 않는다. 그래도 바람이 심하게 불어 쓰러진다면 그 위에 무거운 물건을 얹으면 될 것을, 누구는 10번을 넘게 드나들며 세우고 누구는 한 번에 해결한다. 조금만 더 생각했더라면 직원이 여러 번 나와서 세우지 않아도 되고 가게의 얼굴인 현수막이 길거리에서 헤엄치는 일은 없었을 것을. 약간의 무관심이 에너지와 시간 낭비는 물론 가게의 가치까지도 떨어뜨리고 있었다.

지나치게 사소한 것까지 지적한다고 생각할지 모르겠지만, 나는 작은 것을 챙기는 태도야말로 진정한 주인의식이자 성공의 발판이라고 믿는다. 남들이 못하는 일을 해야 훌륭하고 멋진 인생을 사는 것이 아니라, 자신이 할 수 있는 것, 저질러도 뒷감당이 되는 일들을 계속 하다 보면 그것이 모이고 쌓여서 언젠가는 10이 되고 또 언젠가는 100이 되어 원하는 결과를 얻는 것 아닐까. 남들이 보기에는 답답해 보일지 몰라도 어느 순간 자신이 생각하는 성공의 길로 들어서는 것이다. 물론 여기서 말하는 성공에 정해진 기준은 없다. 성공과 행복의 기준이 모두 같지 않다는 것을 인정한다면, 나처럼 간이 콩알만 하고 소심한 사람도 내가 원하는 성공을 할 수 있다.

어느 누구는 100억을 벌고 싶을 것이고 어느 누구는 한 달에 100만 원만 벌어도 행복할 것이다. 100억을 벌기 위해서는 어떻게 해야 하는지 모르지만, 자신이 원하는 것이 무엇인지 정확히 알고 자신이 할 수 있는 것부터 실행하기 시작하면 위대한 역사가 시작된다. 큰 용기와 대단한 능력이 필요한 것도 아니다. 공부방도 마찬가지다.

어떤 공부방을 원하는가? 적은 인원이라도 알차게 꾸리면서 자신의 생활을 포기하지 않는 것이 중요한가? 많은 수의 학생을 가르치면서 경제적으로 사회적으로 성공하기를 원하는가? 자신이 진정 무엇을 원하는지 안다면 그것에 생각을 더하는 일부터 시작하자.

키즈엔리딩, 생각해보면 이건 나만 할 수 있는 일은 아니었다. 나처럼 어리숙하고 부족한 사람도 할 수 있으니 더 많은 사람들이 충분히 할 수 있는 일이었다. 하지만 나는 그것을 어떻게 하면 이룰 수 있을까 누구보다 열심히 생각했고, 그것은 내게 위대한 시작이 되어주었다. 내가 감당할 수 있을 만큼의 수많은 시도를 했고 실패를 벗 삼아 또 다시 정진했다.

나는 이 일을 하면서부터 '나는 무엇을 원하며 그 무엇을 위해 어떤 노력을 해야 하는가? 이것을 통해 하늘이 내게 주려는 깨우침은 무엇인가?'를 듣고 느끼기 위해 항상 끊임없이 생각했다. 꿈에서도 화장실에서도 생각했다. 바람에 날리는 현수막이 쓰러지지 않도록 물을 가득 넣어두는 배려, 누구나 할 수 있는 사소한 생각이지만 위대한 성공의 시작이 아닐까.

# 나만의 주문을 외워라

"아줌마!~ 오늘 아침 메뉴는 뭐죠? 커피는 방으로 가져다줄래요?"
하고 부스스한 눈을 비비며 부엌을 향해 소리쳤다. 큰 소리에 놀라 잠
이 깬 남편이 나를 쳐다보며 어디가 이상한 게 분명하다는 표정으로
고개를 절레절레 흔든다. 아침 일찍 일어나려니 힘들어서 아침 드라마
에 어김없이 등장하는 부잣집 사모님을 흉내 낸 것이다. 그런 상상을
하니 피식 웃음이 나왔다.

　나는 어릴 적부터 상상하는 것을 무척이나 좋아했다. 동네에 하나밖
에 없던 어둠침침한 만화방이 나의 유일한 놀이터였는데, 어렸을 때
만화책을 많이 본 덕분인지 지금도 가끔 상상하는 버릇이 있다. 만화
가게 주인 할머니는 내가 자주 오는 게 반가웠던지 가기만 하면 무료

로 한 권씩 더 읽고 가라고 하시거나 떡볶이 한 접시라도 더 주셨다. 어린 나이지만 '만화가게'가 나를 대접해주고 알아주는 유일한 장소임을 알아차린 것 같다. 나이가 들어서는 만화가 드라마로 바뀌긴 했지만, 지금도 온갖 희로애락을 마치 나의 일인 양 감정이입해 상상하곤 한다.

상상을 할 때 어릴 때와 달라진 점이 있다면 의식적으로 좋은 것, 내가 원하고 소망하는 것을 이미지로 그리려고 노력한다는 것이다. 그러한 노력이 꿈을 이루는 데 얼마나 도움이 되는지 잘 알기 때문이다.

고등학교 때였다. 수학을 못했던 내게 수학시간은 말 그대로 공포 그 자체였다. 설명을 마친 선생님은 칠판에 문제를 다 적은 후 항상 출석부를 뒤적였다. '제발 내 이름만 부르지 않기를. 만약 나를 부르면 어쩌지? 내가 나가서 문제도 못 풀고 서 있으면 선생님은 출석부로 내 머리를 때리겠지?' 내 머릿속은 온갖 두려운 상상으로 뒤덮였다. 그런데 신기한 것이 꼭 그런 날이면 어김없이 선생님은 내 번호를 부르셨다. 그때는 선생님이 왜 나를 시키는지 모르고 애꿎은 번호 탓만 했는데, 그런 상황을 내가 끌어들였을지도 모른다는 것을 나이가 들면서 알게 되었다.

만일 지금의 나였더라면 문제를 풀지 못해 쩔쩔매는 상상 대신, 다른 친구가 앞에 나가 문제를 풀고 나는 수업이 끝나면 매점에 가서 빵을 사먹으며 친구와 웃으며 수다 떠는 장면을 상상했을 것이다. 당시에는 그 이유를, 원리를 설명해주는 사람도, 책도 없었다.

요즘에는 끌어당김의 원리를 자세하게 설명해주는 책들이 너무도 많다. 《더 시크릿》, 《긍정의 힘》, 《무지개 원리》 등 모두 내가 바이블처럼 여기며 읽는 책들이다. 최소 10번 이상 읽었고 동영상이 있는 《더 시크릿》은 일을 새로 시작하거나 힘든 일이 있을 때 원하는 장면만 재생해서 본다. 그럼 희망의 에너지가 몸 속 깊은 곳에서 솟아오르는 것을 느낀다. 또한 저자의 강연을 담은 동영상이나 저자와의 만남은 책에서 미처 느끼지 못한 메시지를 온 몸의 세포로 받아들이는 중요한 통로가 된다. 머리도 나쁘고 둔한 내가 다른 사람보다 잘하는 게 있다면 믿고 그대로 실행하는 것뿐이다.

나는 이 책들을 통해 꿈을 이루는 원리를 깨닫게 되었는데 이 책에서 말하는 꿈을 이루는 방법, 즉 자기가 원하는 것을 끌어당기는 데 가장 좋은 방법은, '이미지를 머리로 상상하고 그것이 이루어진 것처럼 생각하고 행동하라'는 것이다. 나는 작은 일이라도 원하는 결과부터 상상한다. 작게는 먹고 싶은 음식, 사고 싶은 옷부터 크게는 집, 때로는 사람까지도 내가 원하는 인물들을 상상하며 끌어당긴다. 내 주위에 좋은 사람들이 많은 것은 바로 그 때문이라 믿는다.

혹자는 "요즘 그런 책들이 헛된 꿈만 꾸게 한다."며 비난하기도 한다. 하지만 적어도 나는 그렇게 말하는 이들보다는 더 성공할 자신이 있다. 많은 사람들이 "제게는 이런 꿈이 있어요. 그래서 언젠가는 꼭 이룰 거예요." 하면서 반드시 그렇게 될 거라고 말한다. 하지만 그렇게 말만 하고 정작 그것을 위해서는 어떤 실천도 하지 않는 이들이 대부분이다. 그러면서 "너무 바빠요. 잘못되면 어떻게 해요. 두려워요. 어디서부터 어떻게 해야 할지 모르겠어요."라고만 한다.

나는 공부방을 처음 오픈하고 매달 10만 원이 들어올 때도 맘이 불안하지 않았다. 만일 내가 불안한 얼굴을 했다면, 마음 속으로 안 좋은 결과를 그렸다면 어땠을까? 창의적인 아이디어는커녕 나의 얼굴이 걱정과 근심으로 어두웠을 것이고 일이 잘됐을 리가 없다. 선생님이 미소를 가득 머금고 세상에서 가장 행복한 표정을 지어야 아이들도 맘 편하게 책을 읽을 수 있다.

요즘 나는 좋은 '결과'를 그리는 것도 모자라 강력한 주문을 외우기 시작했다. "나는 내년에 부자 선언을 할 거야!", "키즈엔리딩은 1,000개로 늘어날 거야!"처럼 내가 원하는 것을 소리 내어 말하는 것이다.

지나친 자신감이 아니냐며 거부감을 느끼는 이들도 있겠지만, 그래도 아랑곳하지 않고 내가 원하는 것을 주문처럼 항상 입으로 말하고 다닌다. 그러다 보면 내가 말한 것을 지키겠다는 책임감으로 더 열심히 일할 수밖에 없고, 더 많은 기회들이 내게 찾아올 수밖에 없다. 특히 아들 앞에서 한 선언은 반드시 지켜야 한다는 생각 때문에 더 열심히 하게 된다.

많은 사람들은 자신이 원하는 것을 대놓고 말하기를 두려워한다. 부끄럽기도 하고 남들이 나를 어떻게 볼까 하는 두려움 때문이기도 하다. 다른 사람들이 나를 얼마나 비웃을까에 대한 걱정인 셈이다. 만약 그게 걱정이 되어서 못한다면 대신 이렇게 하는 건 어떨까. "난 ○ ○

가 좋아! 꼭 그렇게 하고 싶어! 그렇게 하고 말거야!"라는 강한 어조 대신, "나는 이렇게 하고 싶어요. 그렇게 되었으면 정말 좋겠어요."라 며 스쳐지나가듯 조용히 말하는 것이다. 티는 나지 않지만 자신에게 거는 주문이기에 오히려 더 간절할 수 있다.

어떤 주문이든 이루어지게 하려면 한 가지 법칙을 꼭 지켜야 한다. 떠오르는 아이디어를 바로 행동으로 옮기는 것이다. 그것이 바로 '주문의 법칙'이다. 이제 나만의 주문을 조심스럽게 외쳐라! 반드시 말하는 대로 이루어질 것이다.

# 성공한 공부방 여왕의 조건

## 1. 이 일이 내 일인지 묻고 또 물어라

어느 직업이든 자신의 적성을 고려해야겠지만, 공부방은 집이라는 개인적인 공간을 이용하는 것이고 가족의 희생이 필요하므로 더더욱 신중하게 검토해야 한다. 아이들을 좋아하는 마음과 교육에 대한 열정, 가족의 일치단결 없이는 할 수 없는 게 공부방이다.

## 2. 공부하고 또 공부하라

공부방이라고 해서 단순히 아이들 공부를 봐주는 곳으로 생각했다가는 오산이다. 대형학원이 지는 추세라고는 해도 유명강사와 전문 시스템의 위력은 대단하다. 요즘 아이들은 인터넷으로 강의를 듣는 데 익숙하기 때문에 온라인 강의 또한 위협적인 경쟁자가 될 수 있다. 공부하고 또 공부해서 차별화된 공부법을 개발하지 않으면 도태되기 십상이다.

## 3. 욕심 부리지 말고 작게 시작하라

공부방을 처음 시작하는 선생님들 중에는 의욕이 넘친 나머지, 공부방을 열기 위해 큰 평형대의 집으로 옮기는 분들도 간혹 있다. 공부방에서 나오는 수익으로 집의 유지비나 이사비용은 감당할 수 있다고 믿는 것이다. 하지만 학생 모집이 생각대로 되지 않으면 초기 비용은 고스란히 자신의 부담으로 돌아오게 된다. 작게 시작해야 마음의 여유를 가질 수 있음을 잊지 말자.

## 4. 리액션의 고수가 돼라

아이들이 강호동보다 유재석에 열광하는 이유가 무엇일까? 바로 상대의 이야기를 잘 들어주고 기를 살려주는 리액션이 탁월해서가 아닐까? 조금 과하다 싶을 만큼의 리액션이 당신을 '공부방의 여왕'으로 만들어줄 수 있다. 하루아침에 센스 넘치는 인기 만점의 선생님으로 등극할 것이다.

## 5. 외모를 가꾸는 데 시간을 아끼지 마라

공부방이 아무리 넓고 깨끗해도, 아무리 공부를 잘 가르쳐도, 공부방을 평가하는 아이들의 첫 번째 기준은 '선생님'이다. 아무리 실력 좋은 선생님이라도 예쁘지 않으면, 적어도 엄마보다 예뻐야 말을 잘 듣는 것이 아이들이다. 서로 정이 들고 나면 그런 외모지상주의도 차츰 사라지겠지만, 처음에 인기 많은 선생님으로 어필해서 나쁠 건 없다.

## 6. 슬럼프를 즐겨라

어쩌니 저쩌니 해도 공부방도 엄연한 비즈니스다. 무슨 말인고 하니 슬럼프가 찾아오기 마련이라는 것이다. 가정과 일터가 분리되어 있지 않기에 자칫 모든 일을 떠안을 위험성도 높다. 공부방을 집에서 하는 부업쯤으로 보는 주위의 시선 역시 슬럼프의 주된 요인이다. 그럴 때는 잠시 도우미를 쓰거나, 비슷한 일을 하는 사람들에게 조언을 구하라. 그리고 좀 더 다른 색깔의 공부방을 운영할 수 있는 나만의 묘수를 고민하라. 슬럼프를 극복하는 최고의 방법은 끊임없이 샘솟는 아이디어다.

# "공부방, 나는 이래서 시작했다!"

### □ 초기 창업비용이 적게 든다

공부방의 제일 큰 장점이 초기 창업비가 적게 든다는 것. 창업자금이 가장 많이 투자되는 부분이 '장소'인데, 집에서 공부방을 운영하는 경우가 대부분이므로 다른 업종에 비해 비용을 크게 절감할 수 있다.

### □ 특별한 자격이 필요 없다

공부방을 여는 데 '자격증'은 필요치 않으며 학력이나 학벌을 크게 따지지 않는다. 다만 원장직강인 만큼 자신 있는 과목이나 주특기는 있어야 한다.

### □ 유행을 타지 않는다

창업의 가장 큰 적 중 하나는 바로 '유행 아이템'이다. 학교 앞을 휩쓸었던 DDR이나 스티커 사진숍, 불닭, 매운라면 전문점 등을 생각해보라. 경쟁은 치열하지만 공부방이야말로 최고의 스테디 아이템이다.

### □ 평생 직업이 될 수 있다

아직도 많은 여성들이 '육아' 때문에 회사를 그만두거나 직장생활에서 고충을 겪는다. 경력 단절로 능력을 썩히는 이들도 많다. 공부방은 주부들이 숨은 능력을 발휘할 수 있는 최고의 일터이자 기회다.

### □ 아이들과 더불어 자신도 성장한다

아이들을 가르치면서 선생님의 실력도 늘게 된다. 콘텐츠를 연구, 개발하는 과정에서 교육 전문가로서 성장할 수 있다. 무엇보다 자신의 자녀교육에도 도움이 된다.

부록

성공한
공부방의
여왕들

## "아이들과 마음으로 만나세요."

_ 성북돈암 김선순 원장

나는 학창시절의 내가 그랬던 것처럼 아이들이 영어를, 더불어 그 영어를 가르치는 선생님인 나를 좋아했으면 하는 바람이 있다. 영어에 대한 좋은 감정, 선생님에 대한 호감이 아이들이 지속적으로 영어를 공부하는 데 힘이 되어줄 거라고 확신하기 때문이다. 그래서 좋은 인상을 심어주는 것, 아이로부터 합격점을 받는 선생님이 되는 것이 첫 번째 목표다. 하지만 아이를 하루아침에 나의, 영어의 팬으로 만드는 것은 좀처럼 쉽지 않다.

이를 위한 방법들 중 하나는 아이가 가진 강점을 찾아내어 진심을 담아 칭찬하는 것이다. 물론 이렇게 해도 모든 아이들의 마음을 얻기

란 어렵다. 진심이 잘 전해져서 빨리 마음을 열기도 하지만 간혹 오랜 시간이 걸리는 아이들도 있기 때문이다.

확신할 수 있는 것은 선생님의 진심이 계속 전해진다면 아이는 마음을 연다는 사실이다. 아이들은 자신을 둘러싸고 있는 주변 환경 중 하나인 어른들로부터 사랑과 칭찬을 받을 때 보답하려는 태도를 보인다.

내가 가르치는 아이들 중에 알파벳부터 시작해서 지금은 영어책을 편하게 읽는 단계에 도달한 4학년 남자아이가 있다. 짧은 시간에 아이가 영어를 좋아하도록 만든 건, 아이가 해온 과제 중 한 가지 잘한 것을 크게 칭찬해주었기 때문이다. 아이는 집에 돌아가 기쁜 마음으로 어머니에게 자신이 선생님의 사랑을 받고 있다는 느낌, 칭찬받았던 일을 얘기했고, 어머니는 아이의 변화하는 과정을 내게 일일이 알려주었다. 하나씩 과제가 늘어가도 변함없이 성실하게 해내는 아이를 보면 고마운 마음뿐이다. 영어를 배운다는 건 어떤 사람에겐 힘이 들 수도 있지만, 어떤 사람에겐 그렇지 않을 수도 있다. 나의 경우엔 후자였다. 영어를 힘들게 공부했거나 영어 때문에 내가 힘들었던 적은 없었다. 지금 생각해보니 선생님이 나의 노력을 칭찬해준 것이 힘이 난 이유인 것 같다. 그래서 내가 가르치는 아이들도 나처럼 영어를 공부할 수 있었으면 좋겠다. 나의 이런 진심이 아이들에게 전달되어 영어가 자신을 힘들게 만드는 존재가 아니라는 것을 꼭 알았으면 좋겠다.

언어습득이 반복 학습의 결과라는 것은 누구나 아는 사실일 것이다. 쉬운 과정이 아니지만 한 단계 한 단계 올라가는 것은 아이 스스로도 알아차리지 못할 만큼 반복 학습한 결과이다. 가령 어른들에게는 힘들어도 스스로 공부해서 무언가 성취하려는, 토익 점수를 높이고 싶다든지 외국인과 유창하게 이야기하고 싶다든지 하는, 내적 동기가 있다. 하지만 아이들에게는 아직 그러한 것을 기대하기 어렵다. 그렇다면 무엇이 아이들이 지속적으로 영어를 공부할 수 있는 힘이 될 수 있을까? 내적 동기를 갖게 하려면 외부에서 지속적으로 단기적인 동기부여를 해줘야만 한다. 즉 아이가 영어로 즐거운 경험을 많이 하는 것이 중요하다. 물론 그 바탕에는 아이의 노력이 따라야 하지만. 나는 아이들이 책과 함께 다양한 액티비티를 통해 영어를 접하게 하려고 애쓴다. 책, 영화, 노래, 게임, 퀴즈, 인터넷, 핑거플레이, 스토리텔링, 음식 등 다양한 채널을 통해 아이가 영어를 경험하고 영어에 대한 좋은 감정을 갖도록 이끄는 것이다.

"오늘 학교 끝나고 방과후수업까지 하고 왔어요. 쉬고 싶은데 바로 수업 오느라 간식도 못 먹었어요." 지쳐 있는 모습을 보이며 수업에 집중하지 못하는 아이가 있다. 물론 해야 할 숙제도 하지 못했고. 그 상황에서 나는 어떻게 말하고 행동해야 할까? 내가 당장 아이를 돕거나 아이가 힘들어 하는 부분을 해결할 수 없다는 걸 알고부터 나는 아이에게 이렇게 말해준다.

"응, 그랬구나. 많이 힘들었겠다. 간식도 못 먹고⋯." 그러면서 아이의 손에 초콜릿 한 개를 살짝 쥐어준다. 이걸로 끝이다. 아이의 힘들다는 하소연을 받아주는 착한 선생님이 되는 순간이다. 아이는 정말 조금은 편안해 보이는 얼굴을 한다. 징징거림은 어느덧 쏙 들어가고 말이다. 내가 이 힘든 상황을 어떻게든 해결해줘야 하는 건가, 하고 고민한 적도 있다. 그러나 내가 할 수 있는 것은 아이의 마음을 알아주는 것뿐이라는 걸 알고 나서는, 내 말이 아이에게 힘이 된다는 것만으로도 감사하다. 정말 아이는 선생님의 말만으로도 힘을 얻는다.

오랫동안 함께 지내온 아이들의 경우에는 선생님과의 편안한, 친밀한 관계가 오히려 문제가 될 때도 있다. 과제로 내준 책 제목을 착각하고서는 틀리다는 선생님의 말에, "아니라니까요. 이거 맞다니까요." 하며 받아주기 어려울 만큼 불퉁스런 반응을 보이는 아이도 있다. 대출기록을 보여주자 자신이 틀렸음을 알고는 이내 불평은 사라졌지만 말이다. 아무리 아이들의 마음을 알아주려 애쓴다 해도 이미 나의 기분은 살짝 언짢아진 상태다. 아마 과거의 나 같았으면 "너는 왜 이렇게 버릇없게 말하니? 잘 알지도 못하면서 우기고 말이야."라고 했을 것이다. 물론 지금도 그런 마음이 아주 없는 건 아니지만 우선 이렇게 말한다.

"○○야, 네가 착각했지? 네가 그렇게 말하면 선생님도 기분이 나빠. 선생님이 친절하게 대하는 것처럼 너도 친절하게 대해줬으면 좋겠다."

화가 나지만 화를 내면 수업은 어렵고, 나의 감정도 아이의 감정도 더 나빠지는 데다 무엇보다 내가 원하는 것을 아이가 알 수가 없다. 그런데 이렇게 말하고 나면 일단 나 스스로 감정을 조절했다는 작은 성취감이 밀려와 격한 감정의 홍수가 사라진다. 문제의 그 아이는 다음 날 내 앞에 얼굴을 들이밀고는 "Hello? How are you teacher?" 하며 웃는 얼굴로 먼저 인사를 건네왔다.

영어를 공부하는 데 어째서 선생님과의 신뢰관계, 아이의 감정을 읽어주기, 내가 원하는 것 전달하기 등이 중요할까? 영어선생은 아이에게 영어만 잘 가르치면 된다고 생각할 수도 있을 텐데 말이다.

남매를 모두 키즈엔리딩에 보내는 학부모님과 상담 시 있었던 일이다. 내가 잘할 수 있는 영어와 심리상담기법을 활용하여 아이들을 지도하고 있다고 했더니, "선생님께서는 그 어렵다는 통섭을 하셨네요." 라고 말씀하셨다. 그분 말씀처럼 통섭까지는 아니지만 나와 영어를 공부하는 아이들이 항상 즐겁고 긍정적인 마음으로 공부했으면 한다.

법정스님은 "행복은 다음에 이루어야 할 목표가 아니라 지금 존재하는 것입니다. 또 행복은 찾아오는 것이 아니라 바로 내 안에서 우러나

오고 꽃향기처럼 은은하게 스며나옵니다."라고 행복론을 말한 바 있다. '미래의 행복을 위해 현재의 고통을 감내하라'는 옛말이 아이들의 마음과 행동을 당장 변화시킬 거라고는 생각지 않지만, 매일 행복을 즐기며 미래도 그럴 거라는 기대와 긍정적인 마음으로 공부를 즐겼으면 좋겠다. 아이들이 이런 마음으로 영어를 만난다면, 누가 가르치지 않아도 스스로 공부하리라고 믿는다. 언제까지 선생님이 끌고 가는 수업으로 아이가 성장하길 바라는가? 아이들은 부족한 부분을 슬쩍 건드려주면 누군가가 억지로 가르쳐주는 것보다 스스로 더 많이 배울 수 있는 능력을 갖춘 존재다.

'조금씩 던져주고 스스로 발견하도록 도와주기.' 이것이 내가 바라는 이상적인 교육방식이다. 나는 새로운 아이들을 만날 때마다 아이들과 영어로 이어진 보이지 않는 아름다운 인연을 떠올린다. 영어를 목적으로 만났지만 내 인생과 그들의 인생의 한 부분을 쭉 이어가고 있다는 게 내 생각이다. 그 전에도 지금도, 그리고 앞으로도.

# "나는 가장 행복한 리더입니다."

_ 상암 3호 이정아 원장

"아이 롸이크 애플." 아빠가 둘째 아이에게 영어책을 읽어주고 있다. "아빠 그게 아니야." "아이 라? 애쁠."

"아이 롸이크 애플?" 아빠는 다시 읽어본다.

"아니라니까, 아빠 들어봐." 답답해진 둘째는 급기야 카세트 플레이어를 가져다가 버튼을 눌러 아빠에게 직접 들려주었다. 이 사건은 영어에 대한 나의 인식을 바꾸는 데 커다란 전환점이 된 것 같다.

대한민국 사회에서 영어는 어떤 의미일까? 왜 한국 사람들은 영어가 잘 안 되는 걸까? 이런 고민으로 여러 날을 보냈다. 나는 중학교 때 처음 접한 영어가 새로웠고, 한글이 아닌 외국어로 의사소통을 할 수

있다는 게 신기해서 영어에 관심을 갖게 되었다. 대학에서 영어를 전 공하고 사회에 진출해 학생들을 가르치면서는 영어를 다른 과목과 달 리 좀 더 언어적인 측면에서 가르치기 위해 많은 고민을 하기 시작했 다. 학습법에 대한 목마름은 대학 졸업 후에도 영어교수법(TESOL), 아 동지도사 등 자기계발을 지속적으로 하게끔 만들었다.

그러던 중 아이들을 낳고 키우면서 영어공부에 대한 또 다른 갈증을 느끼게 되었다. 아이들은 별다른 거부감 없이 나의 학습법을 따라오긴 했지만, 아이의 수준에 맞게 순차적으로 가르쳐야 할 오디오북의 종류 나 양이 턱없이 부족했으며, 가장 큰 문제는 지속적으로 책을 읽혀야 한다는 것이었다.

어느 날 남편과 둘째 아이의 대화를 들은 나는 그동안 오디오로 애 들에게 듣고 따라 하게 했던 영어책들을 바닥에 펼쳐 놓고 한숨을 지었다. 다양한 시도를 했지만 왠지 목적지를 모른 채 안개 낀 미로 속을 무작정 걷는 듯한 기분이었다.

그러다 우연한 기회에 영어책을 즐겁게 읽는 곳이 있다는 이야기를 듣게 되어 그곳을 무작정 찾아갔다. 바로 키즈엔리딩과의 첫 만남이었다. 나는 대표의 공부방 운영방식을 들은 후 망망대해에서 등대를 발견한 기분이었다. 그동안 내가 해온 노력에 키즈엔리딩의 커리큘럼을 더하면 좋은 결과가 나올 거라고 확신한 나는 '공부방'이라는 사업에 뛰어들었다. 키즈엔리딩의 가장 큰 경쟁력은 수준별로 분류된 다양한 책들을 아이들이 직접 골라서 듣고, 따라 읽고, 줄거리를 말해보는 과정을 통해 영어실력을 차곡차곡 쌓아가는 학습법이었다.

하지만 모든 공부가 그렇듯 아이들에게 지속적으로 책을 읽게 하는 것은 쉽지 않았다. 한글로 된 책도 읽기가 쉽지 않은데, 영어로 된 책을 읽게 하기가 만만치 않은 건 당연하다. 우리는 통상 '성공한 사람들이 책을 많이 읽는다'고 믿고 있으며 아이들에게도 책을 많이 읽으라고 권하지만 현실은 그렇지 못하다. 정작 한글책도 많이 읽지 않는 현실에서 우리 아이가 영어로 된 책을 좋아할 거라고 믿는 것은 부모의 지나친 기대일 것이다. 부모는 아이가 책을 지속적으로 읽을 수 있도록 옆에서 꾸준히 관심을 갖고 칭찬하면서, 무엇에 관심이 있는지 파악해 관심 분야의 책을 아이의 수준에 맞추어 선별해야 한다.

첫술에 배부를 수 있다면 더없이 좋겠지만 그런 방법은 이 세상 어디에도 없다는 것을 누구나 잘 알고 있을 것이다. 많은 부모들이 영어나 수학학원에 아이를 보내며 당장 눈에 띄는 성과를 거두길 기대한다. 그리고 곧장 점수가 오르지 않으면 안 좋은 학원이라고 결정짓는다.

하지만 유명 학원이나 족집게 과외로 단기간에 좋은 점수를 얻었다고 해서 성공했다고는 볼 수 없다. 그렇기에 세상은 어느 정도 공평한 것일지도 모른다. 오랜 시간 노력해서 내 것을 만드는 것이야말로 진정한 성공으로 한 걸음 더 다가가는 길이 아닐까. 아이 스스로 시간을 투자하고 노력해 재미를 붙이는 것. 그러한 측면에서 키즈엔리딩의 학습법은 요즘 학생들에게 강조하는 자기주도형 학습법과 다르지 않다고 믿는다. 우리 학습법은 아이들이 초등학교 때부터 천천히 이런 습관들을 몸에 익히도록 하고 있다.

아이가 두발 자전거를 처음 탈 때를 기억해보자. 대부분의 아이들이 자전거를 처음 탈 때 엄마나 아빠의 도움을 받는다. 나 역시 마찬가지다. 아이들이 혼자 힘으로 해낼 수 있을 때까지 자전거의 중심을 잡아주었던 엄마, 아빠처럼 도움을 주고 싶다. 두발 자전거를 타는 순간 느꼈던 자유로움과 본인이 혼자서 무엇인가 해냈다는 벅찬 성취감을 아이들에게 선사하고 싶다.

더불어 우리가 가르치는 학생들의 대부분은 초등학생이다. 나는 초등학생이 해야 할 일은 꿈을 키워가는 것이라 믿는다. 그 꿈이 잘 자라려면 우선 비옥한 토양이 필요하다. 달콤한 열매를 따 먹는 기술보다, 큰 나무가 되어서 열매를 스스로 맺는 능력을 키워야 하는 것이다.

많은 사람들이 중고등학교 가서 공부 잘하려면 체력이 중요하다고 말한다. 이때 말하는 체력은 육체적인 체력이 전부가 아니다. 스스로 목표를 정하고 목표달성을 위한 계획을 세우고 집중할 수 있는 체력을 키워야 진정 자신에게 필요한 공부, 이유가 있는 공부를 할 수 있을 것이다.

다른 아이들의 좋은 결과를 보고 키즈엔리딩에 찾아오는 부모님들에게 이 자리를 빌려 꼭 말씀드리고 싶은 게 있다. 한국어도 아닌 영어책을 즐기는 데까지는 최소한의 시간이 필요하다고. 갓난아이가 '엄마'라는 말을 하기까지 절대적인 시간이 필요한 것처럼, 모국어가 아닌 외국어가 입 밖으로 나오기까지 기다림이 필요하다고 말이다. 따라서 원하는 결과를 만들어내기 위해 매일 한 시간 넘게 영어책을 읽었던 학생들의 노력을 먼저 인정해주었으면 하는 바람이다. 본인 스스로 공부하는 과정을 소중히 여기면서 그로 인한 결과에 만족을 느낀다면, 또 다른 목표를 달성하고픈 마음이 들 것이다.

나는 처음 영어책을 접하는 학생들에게도 책 속 모든 지식을 가르치겠다는 생각보다는 새 친구를 사귈 때처럼 찬찬히 탐색할 시간을 주었다. 영어책을 자주 접하고 영어에 노출이 되다 보면, 조금은 영어책과 가까워진 자신을 발견하게 될 것이다. 대략 영어책(오디오북)을 1,000권쯤 들었을 때일 것이다. 1,000권을 읽고 나면 나를 믿고 잘 따라와준 학생에게 진심으로 축하의 말을 건넨다. 이제부터 넌 혼자 자전거를 탈 수 있게 된 거라고. 처음부터 영어책을 술술 읽는 재미를 기대했던 친구들이라면 계속되는 기초훈련과정에 지칠 때도 있을 것이다. 그럴 때마다 다양한 이벤트와 동기부여를 통해 영어가 '절친'이 될 그날을 기대하며 매일의 훈련을 포기하지 않도록 격려한다. 드디어 2,000권을 다 읽는 날! 이젠 부모님과 친구들의 축하를 받는다. 혼자서도 책 읽는 습관을 들인 너를 자랑스럽게 생각해도 된다고.

나는 우리 아이들이 아직 주 종목을 정하지 않은 운동선수와 같다고 믿는다. 기초훈련을 성공적으로 해낸 친구라면 어떤 종목의 선수가 되어도 키즈엔리딩에서 보낸 시간들이 밑거름이 되어 잘 해낼 것이라 믿는다. 나는 아이들이 자신의 꿈을 펼치며 화려하게 비상할 그날을 상상하며 매일같이 말한다.

"너희들은 행복한 리더(reader)들이야."

오늘도 나는 화려한 날갯짓으로 자신의 분야에서 활약할 그들의 꿈을 지지하며 아이들을 맞이한다. 그리고 teacher(교사), mentor(조언자), coach(코치), consultant(상담가)의 역할을 모두 수행하는, 단순한 지식 전달자가 아니라 학생들에게 스스로 공부할 수 있는 힘을 선사하는 사람이 되겠다고 다짐한다.

# "어떻게 해야 더 신나게 놀 수 있을까?"

_ 강서발산 김다혜 원장

그 즈음 나는 그냥 놀고 싶었다. 생활에 지친 것도, 삶이 특별히 지루했던 것도 아니었지만 정말 말 그대로 놀고 싶었다. 결혼을 하고 평생 내 편이 되어줄 짝을 만나니, 그 사람과 종일 놀고 싶었던 게 솔직한 심정이다. 실행에 옮기기도 쉬웠다. 소위 말하는 비빌 언덕이 생겼으므로. 그는 고맙게도 7여 년의 회사생활에 흔쾌히 종지부를 찍으라고 말해주었다. 요즘같이 살기 팍팍한 세상에 행여나 맘을 바꿀까 싶어 딱 한 번만 묻고는 첫 직장생활을 그렇게 마감했다. 그러나 마냥 놀기에는 마음이 편치 않았던지 테솔 과정을 이수한 것은 운명이었던 것 같다. 키즈엔리딩을 꾸리기 위한 운명.

　처음 찾은 그곳은 책이 그득한 곳이었다. 그냥 도서관이라 하기엔 무척 따뜻하고, 그냥 가정집이라 하기엔 나란히 정리된 수천 권의 책들에 미안해지는 곳이었다. 책! 그것도 영어책이다. 어쩜 신기하게도 그곳에서 만난 아이들은 모두 신이 나 있었다. 마냥 신이 난 게 아니라 모두 똘똘해 보이기까지 했다. 원영빈 대표님을 처음 만난 곳은 그런 곳이었다.

　이거다, 아니 실은 그 당시엔 이건가 보다 했다. 따뜻한 분위기에서 아이들은 재미있게 영어책을 읽는다. 그러면서 차근차근 영어실력이 좋아진다고 한다. 얼마나 이상적인 이야기인가. 아이러니컬하게도 당시 내가 그 말을 전부 믿지 못한 이유이기도 하다. 내가 생각하던 너무나 이상적인 영어학습법이었기에.

　마냥 놀고픈 나였지만 이쯤 되면 안 할 이유가 없었다. 강서발산 키즈엔리딩은 그렇게 탄생했다. 그리고 오늘도 빼곡히 책으로 둘러싸인 곳에서 아이들이 집중하여 영어책을 읽는다. 아니 읽어낸다. 그러다 보면 영어를 자연히 습득하게 된다는 전언(傳言)은 강서발산 키즈엔리딩 안에서 현실이 되어 가고 있다.

물론 잣대를 어디에 두느냐에 따라 다르겠지만, 적어도 차분히 영어책을 읽고 있는 아이들에게 영어는 어렵고 힘들기만 한 존재가 아니라 항상 옆에 두어도 부담스럽지 않은 무엇이 되어가고 있다. 얼마나 멋진 시작이고 끝인가.

어느 틈엔가 공부에 욕심을 내는 아이들을 보고 있으면, '아, 이 길이구나. 이거다!' 싶어진다. 단어를 외워보겠다 한다. 문장을 써오겠다고 한다. 다음 단계의 책을 정독하겠다고 한다. 영어일기를 써보겠다고 한다. 영어로 책 소개글을 써보겠다고 한다. 아이들은 매일같이 달라진다.

나는 선생님이라고 불리는 게 조금은 부담스러워질 때마다 굳이 시키지 않아도 해보겠다고 선뜻 나서는 아이들을 보며 자신감을 갖는다. 더불어 단순한 영어선생이 아닌 인생의 선생이 되고자 하는 목표에 한 발씩 가까워짐을 느낀다. 나는 집에서 돈 버는 여자다. 아이들의 성장을 곁에서 지켜볼 수 있는 행운과 더불어.

# "아이들의 마음에 힘이 되고 싶습니다."

_ 상암본원 이은경 원장

무더운 어느 여름날, 나는 무언가에 이끌리기라도 한 듯 키즈엔리딩의 문을 두드리게 되었다. 지금 그때를 문득 회상해보니 '영어도서관'이라는 다섯 글자가 내게는 특별하게 여겨진 듯하다.

'영어 공화국'이라고 불릴 만큼 수많은 영어학원과 책들과 콘텐츠가 넘쳐나는 시대에서 우리는 살아가고 있다. 그럼에도 '영어도서관'이라는 단어는 신선함 그 자체로 느껴졌다. 공부방을 영어도서관이라 이름 붙인 것부터가 그랬다. '키즈엔리딩 영어도서관'이라는 단어에서 느껴지는 알 수 없는 묘한 기운이 나의 호기심을 불러일으키기에 충분한 자극이 되었다.

그 후로 나는 지금까지 키즈엔리딩과 키즈엔리딩 아이들과 동고동락하고 있다. 나의 삶에서 아이들을 '지도'하고 '교육'한다는 것은 적어도 내 계획에는 없었던 일이었다. 하지만 인간의 인생이란 도무지 어떻게 흘러갈지 모르는 법. 나의 예상과 달리 지금까지도 나는 아이들 앞에 서 있다. 그리고 많은 시행착오와 경험과 깨달음을 되풀이하며 아이들과 함께 성장하는 중이다.

누군가를 가르친다는 것은 분명 의미 있고 값진 일이지만 참 쉽지 않은 일이다. 내가 아닌 다른 누군가에게 지식을 전달하는 것을 넘어서서 상대방의 연령, 개별적인 성향, 지적 수준, 이해 능력 등등 모든 사항을 고려해야 하니, '가르친다'는 행위는 서로 이야기하는 '쌍방향의 대화'라 해도 과언이 아니다. 게다가 우리가 하는 '수업'은 서로에게 집중하며 결과물을 만들어내는 것이니 가히 예술작품이라고까지 표현할 수 있을 것 같다.

꽤 오랜 시간 아이들과 함께하며 여전히 '가르침'이라는 일을 하고 있지만, 항상 의문스러운 것은 해도 해도 어렵다는 것이다. 어쩌면 글을 쓰는 이 순간도, 나는 이 쉽지 않은 과정을 극복하고 있는 중인지도 모른다. 하루하루가 같으면서도 매번 다르게 느껴지니 어려운 것도 당연할 것이다. 하지만 이 쉽지 않은 과정을 포기하지 않고 계속해서 앞으로 나아가는 가장 큰 이유는, 아이들과 함께하는 시간이 참 즐겁기 때문이다. 아이들과 대화를 나누다 보면 순수하고 편안한 마음이 고스란히 느껴져 그 시간만큼은 나도 아이처럼 자연스러워지는 기분이다. 이렇게 소중하고 고마운 아이들에게 나의 지식을 전달해야 한다니 더 큰 책임감과 사명감을 느낀다.

내가 학교를 다니던 때만 해도 이해보다는 암기 위주의 학습이 더 지배적이었다. 하지만 아이들을 가르치면서 '요즘에도 과연 이러한 방법이 통할까?' 하고 자연히 생각하게 된다. 시대가 요구하는 교육방향과 관계없이 무언가를 배우는 데는 이해와 사고력이 뒷받침되어야 한다는 것은 누구나 잘 알고 있다. 그렇다면 '어떻게' 아이들의 눈높이에 맞춰 접근해야 할까? 바로 이것이 핵심이다.

키즈엔리딩만의 특별한 티칭 방식을 통해 나는 더 자유롭게 아이들을 가르칠 수 있었다. 아이들의 이해를 도우려면 눈높이를 맞추는 게 무엇보다 중요하다. 학생 한 명, 한 명의 성향을 존중하고 그에 맞춰 지도하는 것이 바로 키즈엔리딩만의 비법이다. 100명이면 100명 모두가 다른 아이들, 키즈엔리딩에서만큼은 이 다양함이 곧 무기이자 재산이 된다.

예전에는 제각기 다른 아이들을 지도하는 방법을 찾는 게 마치 넘지 못할 산처럼 느껴지기도 했다. 게다가 아이들 공부와 직접적으로 연관된 것 외에 아이들의 흥미를 불러 일으킬 만한 재미와 호기심, 동기부여, 수업의 전체적인 진행방향, 아이들의 참여도 등 순간순간 체크해야 할 사항이 한두 가지가 아니었다. 이러한 이유들로 '가르친다'는 것은 쉽지 않게 느껴졌다. 그래도 그 순간을 포기할 수 없었다. 아이들이 소중했고 나 또한 그러한 아이들에게 소중한 선생님이고 싶었다. 그래서 하루하루 힘들 때도 많았지만 재미있는 아이디어를 떠올리며 다양한 방법을 시도해보았다. 여러 방법들을 거치면서 아이들이 적극적으로 참여하며 즐거워하는 것만을 골라냈다. 이렇게 고민을 거듭하다 보니 어느덧 아이들과 수업을 즐길 수 있는 나만의 비법도 생겨나기 시작했다. 그리고 키즈엔리딩에 대한 아이들의 사랑도 더욱 커가는 것 같았다. 어느새 나 자신도 모르게 나도, 그리고 아이들도 조금씩 성장하고 있었다.

한 해를 마무리하던 지난 연말이었다. 모두들 들떠 있었고 언제나처럼 아이들의 웃음소리는 끊이지 않았다. 모두가 연말 분위기로 들떠 있어 자칫 수업에까지 영향을 미쳐 어수선해지지 않을까 걱정하던 찰나 한 가지 아이디어가 떠올라 아이들에게 깜짝 이벤트를 제안했다.

"다음 수업시간까지 그동안 배운 스토리 영문법 중에서 자신이 원하는 것을 골라 친구들 앞에서 강의를 해보자. 아니면 자신이 직접 작성한 영작스토리 발표도 좋아! 그중에서 골라서 하고 싶은 사람만 해오렴." 연말의 들뜬 분위기를 잠재울 겸 아이들의 발표를 통해 그동안 배운 것을 정리해보는 것도 좋겠다는 판단이었다.

드디어 내가 기다렸던 연말의 수업시간이 돌아왔다. 지금도 그때를 생각하면 참 가슴이 벅차다. 키즈엔리딩 아이들은 역시 대단했다. 나의 예상과 달리 그 많은 아이들이 자발적으로 하고 싶은 발표를 준비해온 것이다. 분명 아이들에게 하고 싶은 사람만 해오라고 했는데 말이다. 의무적인 숙제도 아니었는데 자신의 놀 시간을 아껴가며 준비해온 아이들을 보고 놀란 마음을 가라앉히느라 할 말을 잃었다. 아, 정말 감사한 일이었다. 과연 아이들의 힘은 어디까지일까? 어디서 이렇게 아이들의 뜻과 마음을 펼칠 수 있을까? 수업의 진짜 주인공은 선생님이 아니라 아이들 아닐까.

아이들이 이렇게까지 할 수 있었던 그 원동력이 무엇일까 자문해보았다. 고민 끝에 남겨진 단어 하나는 바로 '소통'이었다. 누구나 '소통'의 중요성은 잘 알고 있다. 하지만 내가 생각하는 '소통'은 단지 상대방과 말로 하는 커뮤니케이션만이 아니다. 아이와 함께하는 그 순간만큼은 단 1분이라도 아이와 눈을 맞추고, 아이의 말에 귀를 기울이며, 아이의 행동에 주의를 기울이는 등 '진심 어린 관심'을 나누는 것이다. 아이들은 알고 있다. 진정 함께하고 있다는 그 기분을 말이다. 그러한 진심이 쌓여서 아이들이 스스로 발표하고 자신이 주체가 되어 즐겁게 공부하는 밑바탕이 되지 않았을까. 끊임없는 선생님의 세심한 관심과 노력이 아이들의 무궁무진한 잠재력을 일으켜 세워준 셈이다. 이것이 바로 키즈엔리딩 아이들이 즐겁게 공부할 수 있도록 만든 나만의 '특급 노하우'인 것 같다. 앞으로도 나는 초심을 잃지 않으려 한다. 항상 소중한 것에 진심으로 귀를 기울이면, 더 큰 가능성과 기회가 있음을 아이들을 통해 깨우쳤기 때문이다.

　나는 아이들을 볼 때마다 생텍쥐베리의 어린왕자에 나오는 '가장 중요한 것은 눈에 보이지 않아'라는 사막여우의 말이 떠오른다. 눈에 보이지 않지만, 그래서 알기 어렵지만 그럼에도 다시 한 번 아이들을 믿고 그 진심을 헤아려준다면 아이들은 분명 더 큰 노력과 발전으로 보답할 것이다.

# "다르면 다른 대로, 생긴 대로 살자."

_ 마포성산 손혜진 원장

영어를 잘하고 싶은가? 영어를 잘하는 '비결'이 무엇인지 알고 싶은가?

초등학교에서부터 고등학교까지 성적표나 생활기록부를 보면 담임 선생님이 아이를 평가해 직접 쓰는 공란이 있다. 나의 평가에 어김없이 들어가 있던 말은 성실. 밋밋하고 멋없고 흔한 단어쯤으로 여겼던 '성실'이란 말이 키즈엔리딩 4년차에 접어들자, 영어의 문을 여는 열쇠로 보인다.

주말에 할머니댁에 가더라도, 캠핑을 가더라도, 부모님과 놀러 가더라도, 국경일에도…. 조금 과장해서 무슨 일이 있어도 매일매일 책을

집중해서 듣고 읽는 아이들은 그렇지 않은 아이들에 비해 같은 기간 안에 영어실력이 향상하는 곡선이 가파르다. 결국 키즈엔리딩을 졸업할 때쯤이면 듣기와 읽기뿐 아니라 영어로 말하기와 쓰기가 웬만한 어른보다 뛰어나다.

잠깐, 여기서 한 가지!

"책을 듣고 읽기만 해도 영어로 말하기가 돼요?" 하고 질문을 하시는 분들을 위한 내 대답은 "Yes!"다.

물론 아이 혼자 말해보고 연습하는 과정이 필요하겠지만, 책을 많이 듣고 읽었다는 것 자체가 말하기의 기반이라 할 수 있다. 혹시 집에서 아이에게 책을 많이 읽히며 영어를 가르치는 엄마들이라면, 아이가 챕터북보다 약간 낮은 단계의 책을 읽고 이해할 때(책을 2,000권 정도 듣고 읽었을 때) 그 내용을 말하는 연습도 꾸준히 시켜보기 바란다. 물론 강압은 금물이고, 칭찬은 필수다.

기억해야 할 점은 아이 스스로 매일같이 한다는 것은 거의 불가능하다는 것. 아이들은 놀기를 무척 좋아하기 때문이다. 이를 보완해주기 위해서는 엄마들의 '성실'이 빛을 발해야 한다. 여기에 아이를 달래려면 인내와 끈기도 함께 필요하니, 엄마들의 위대한(?) 노력이 요구된다. 하지만 '성실히' 영어책을 매일 읽는 습관이 '자기주도학습'으로까지 이어진다고 생각하면, 마구마구 해보고 싶은 결의가 불끈 솟아오르지 않는가?

한 가지 덧붙이자면, 우리 아이들이 모두 다르다는 것을 인정하는 순간 영어가 그리 긴 터널처럼 느껴지지는 않을 것 같다. 키즈엔리딩을 하면서 아이들은 정말 서로 다르다는 사실을 알게 되었다. 달라도 이렇게 다를 수가 없다. 생김새, 성격, 특기, 좋아하는 것과 싫어하는 것 등등. 아이들의 개성은 영어라는 하나의 언어를 배울 때도 뚜렷이 나타난다.

책을 반복해서 읽기를 좋아하는 아이와 반복을 싫어하는 아이, 영어를 잘 말하는 아이와 말하는 것을 힘들어 하는 아이, 단어를 잘 외우는 아이와 단어 외우는 데 시간이 많이 걸리고 정확성이 떨어지는 아이, 책을 읽고 내용을 잘 유추하는 아이와 유추가 잘 안 되는 아이, 긴 시간 듣고 읽는 게 수월한 아이와 짧은 시간만 듣고 읽어도 몸을 배배 꼬는 아이. 소리 내어 잘 읽는 아이와 소리 내어 읽는 데 시간이 많이 걸리는 아이….

아이들이 잘하는 부분도 분명 제각각이다. 정확히 단어를 외우는 능력은 떨어져도 영어로 대화가 되는 아이도 있고, 책을 읽는 집중력은 좋으나 소리 내어 읽지 못하는 아이도 있다. 이렇게 각기 달라도 너무 다른 아이의 특성을 잘 파악하고 그에 맞게 이끌어주는 것이 중요하다. 빠른 아이는 빠른 대로 여유 있게 대하고, 좀 느린 아이는 느린 대로 인정해주고.

때로는 아이들도 친구들과 다르다는 것을 두려워 한다.

"저는 낭독훈련 하는데, 왜 쟤는 낭독훈련 안 해요?", "저는 단어 5개 외우는데, 왜 쟤는 10개 외워요?", "저는 3단계 읽는데, 왜 쟤는 아직도 2단계 읽어요?", "손샘은 왜 이렇게 키가 작아요?", "쟤는 왜 저렇게 뚱뚱해요?"

그럴 때마다 아이들에게 하는 이야기가 있다.

"우린 공장에서 찍혀져 나오는 게 아니란다. 우린 사람이기 때문에 모두 달라. 우리가 로봇이냐? 모두 같게?"

생긴 대로 살자. 다른 대로 살자. 그리고 아이들의 다름도 받아들이자. 특히, 자기 아이라면 더더욱.

# "책 읽기는 공부의 든든한 버팀목입니다."

_ 은평진관 박지숙 원장

이제 키즈엔리딩을 시작한 지도 4년째가 되어간다. 어학원에서 오랫동안 아이들을 가르치며 느꼈던 한계를 어떻게 극복해야 할지 고민하던 차에 '키즈엔리딩'이라는 곳을 알게 되었다. 이 일을 시작한 계기는 일과 육아를 병행할 수 있어서였고, 다음은 평소 내가 생각했던 영어교육의 방향과 같았기 때문이다. 책장에 빼곡하게 꽂힌 영어책을 보면서 우리 아이들이 원서의 뉘앙스를 그대로 느낄 수 있다고 생각하니 정말 좋았다.

4년 전 처음 전단지를 돌리며 홍보하던 그날이 지금도 기억에 생생하다. 꽃샘추위 때문에 쌀쌀한 4월이었는데, 당시 여러 부모님들이 공

부방이 1, 2년 후에 없어지면 어떻게 하냐는 질문을 해왔다. 마음속으로 이런 다짐을 했다. 반드시 책임감 있는 선생님이 되고 싶다고. 아이를 진정 믿고 맡길 수 있는 곳을 만들겠다고 말이다. 그때 처음 아이를 보내주셨던 부모님들이 지금 동생들까지 보내는 걸 보면 나름대로 기대에 부응한 것 같아 마음 한구석이 뿌듯하다. 아이들을 몇 년 동안 같은 공부방에 보내는 일이 말처럼 쉬운 일은 아니지 않은가. 그분들을 실망시키지 않기 위해서라도 영어교육 전문가로서의 감각을 유지하기 위해 늘 연구하고 노력하고 있다.

처음부터 영어책 읽기라는 교육에 동의하고 시작한 일이지만, 시작이 흐를수록 '책 읽기'야말로 언어를 배우는 데 정말 좋은 방법임을 확신하게 된다. 처음에는 알파벳부터 시작했던 친구가 읽기와 듣기를 병행하더니 어느덧 영어책을 거침없이 읽는다. 올해 중학교에 진학한 한 친구는 차근차근 레벨을 올리며 꾸준히 책을 읽은 학생이었는데, 중학교 영어과정도 회화보다 다독과 쓰기 중심으로 개편되어 영어책을 많이 읽은 것이 큰 도움이 된다고 했다. 책 읽기라는 교육방법을 확신하게 된 것 외에 이 일을 하면서 가장 보람을 느끼는 순간을 말하자면, 부모님이나 학생들에게서 감사의 메시지를 받을 때가 아닌가 싶다. 선생님 덕분에 책을 좋아하고 잘 읽게 되었다는 이야기를 들을 때면, 아무리 힘들어도 기운이 나고 가슴이 뭉클해진다.

책 읽기를 가르칠 때 가장 먼저 해야 할 일은 아이들과 교감하면서 친밀감을 쌓는 것이다. 코칭을 할 때도 칭찬과 인정을 통해 거리감을 좁히는 게 중요하다. 하나 덧붙이자면 내가 즐거우면 아이들도 즐거워할 거라는 마음으로 아이들을 맞이할 때 항상 웃는 얼굴로 대하려고 노력하는 것. 교육이란 바로 앞에 보이는 결과보다 아이가 스스로 공부할 목표와 힘이 생기도록 돕는 것이 아닐까. 그리고 책 읽기야말로 그 든든한 버팀목이 되어줄 거라 믿는다. 구슬이 서말이라도 꿰어야 보배란 말처럼, 좋은 책을 차고 넘치게 읽을 수 있도록 도움을 주고 안내하는 멘토가 되고 싶다. 더불어 재미있고 책임감이 있는 선생님으로 기억되고 싶다.

# 공부방이 빚어낸 작은 기적

언젠가부터 10여 년 전 뉴질랜드에서 스쿨캠프를 운영하며 겪은 크고 작은 일들을 책으로 엮고 싶었다. 책을 쓰기 전에는 '나의 이야기도 세상에 통할까? 더 힘들고 드라마틱한 삶을 산 사람들도 많은데 나 같은 아줌마의 소심한 도전기가 관심사에 낄 수나 있을까?'라는 두려움이 컸지만, 내가 이제껏 세상에 부딪쳐온 대로 조금만 더 용기를 내보자고 결심하였다.

그리고 바로 평소 마음에 두었던 출판사, 쌤앤파커스에 출간을 제안하는 메일을 보냈다. 메일 형식 외에는 받지 않는다는 회사의 원칙에 그냥 버려질 수도 있겠다 싶었지만, 한 장 한 장 정성스럽게 출력해 제발 담당자가 마음을 다하여 읽게 해달라고 기도하면서 제본을 하였다.

그리고 비닐가방에 넣어 출판사 정문에서 어슬렁거린 덕분에 담당자 책상에 놓여지는 행운도 차지했다. 물론 '다시 가져가지 않으면 폐기 처분할 수도 있다'는 경고성 전화도 받았지만 정성을 다했으니 결과는 하늘의 뜻에 맡기고 기다리기만 하면 되었다.

2주 후 두근거리는 마음으로 메일을 열었지만, 대답은 한마디로 'NO'였다. 이 출판사가 아니면 절대 책을 내지 않겠다던 대책 없는 자신감이 순식간에 사라지는 순간이었다. 그 후 두 달 동안 철부지 아줌마의 무모한 자신감으로 시간을 보낸 나를 원망하고 자책했다. 그런데 갑자기 '멈추면 보입니다'라는 혜민 스님의 말씀처럼 그동안 나의 이야기만 쓰느라 보이지 않았던 키즈엔리딩 원장 선생님들의 보이지 않는 노력과 아이들의 결실이 내게 다른 의미로 다가오기 시작했다. 그때까지는 모든 것들이 내 노력에 의해 된 거라고 믿었는데, 멈추고 생각해보니 그들의 노력과 열정들로 인해 키즈엔리딩이 성장하고 발전한 것이었다. 그것은 작지만 큰 발견이었다.

이는 책에 대한 나의 생각을 바꾸는 데 큰 계기가 되었다. 그전까지 썼던 원고와 달리 이번에는 키즈엔리딩과 그것을 만들어가는 모든 사람들, 그 글을 읽는 독자들을 떠올리며 글을 쓰기 시작한 것이다. 나의 이야기지만 많은 사람들에게 도움이 되는 내용으로 쓰고 싶다는 마음이었다. 그리고 다시 100여 군데의 출판사에 출간 제의 메일을 보냈는데, 기적처럼 처음 내가 원고를 보냈던 그 출판사로부터 한 통의 메일을 받게 되었다. "결론부터 말씀드리면 멋진 책을 만들어보고 싶다." 는 답신에 눈물이 날 만큼 기뻤다. 나의 진심을 알아봐주는 곳이 있었던 것이다.

이런 것이 바로 인생이 준 반전의 선물이 아닐까? 갖고 싶은 물건을 비싸다고, 너에게 필요 없다고 안 사주다가 여러 번 조르니 못 이기는 척 돈을 모아 사주는 엄마의 마음처럼, 인생이 내게 못 이기는 척 선심을 쓴 게 아닐까.

그러면서 나는 또 한 번의 변화를 맞게 되었다. 그동안 아이들의 영어지도에만 집중했다면, 이제는 그 아이들을 지도하는 선생님들을 잘 교육해야 한다는 것을 깨닫게 되었고, 아울러 그 선생님들을 키워내는 역할마저 나보다 더 잘할 수 있는 이들이 있다는 걸 알게 되었다. 아이들의 성격과 능력이 제각각이듯 선생님들도 리딩, 문법, 어휘, 마케팅과 홍보, 상담 등 저마다 뛰어난 점이 있기 마련이다. 자신도 생각지 못한 장점을 끌어내 빛을 보게 하는 것이 진정한 리더의 역할일 것이다.

이러한 깨달음을 통해 키즈엔리딩 내부에서도 보이지 않는 변화가 일어났다. 현재 키즈엔리딩에서는 단순히 학생들을 모집하고 가르치는 데 그치지 않고, 교육에 쓸 어휘와 문법교재를 직접 연구하여 만들어 출판하거나, 동기부여 이벤트를 주관하거나, 정독과 다독의 심화 프로젝트 등을 추진, 실행하고 있다. 이러한 작업은 훗날 선생님들이 아이들을 가르치지 못할 나이가 되었을 때도 함께 수익을 창출할 터전이 되어줄 것이다. 아이들에게는 영어의 기초체력을 심어주고 선생님들에게는 꿈의 발판을 마련해주는 것이야말로 나의 역할이요, 공부방의 여왕이 추구해야 할 가치라 믿는다.

끝으로 부족한 사람이지만 한결같은 눈빛과 아낌없는 박수로 믿고 따라주는 키즈엔리딩 원장님들과 이은경 선생님, 몇 권이라도 더 읽으려고 졸린 눈을 비비며 고사리 같은 손으로 열심히 책장을 넘기는 모든 키즈엔리딩 친구들, 이 책의 모델이 되어준 친구 같은 멋진 아들 형석이와 나의 든든한 지원군이자 호수 같은 남편 호수님, 내 인생의 멘토인 사랑하는 부모님, 그리고 이 책의 가치를 발견해준 출판사 쌤앤파커스와 인생의 추억을 함께해준 담당 에디터에게 진심으로 감사의 마음을 전한다. 마지막으로 이 책이 아직까지 자신이 하고 싶은 일에 도전하지 못한 많은 여성들에게 나비효과가 되어, 전국이 멋진 공부방의 여왕들로 넘쳐나기를 간절히 소망한다.

원영빈

## 장사의 신

우노 다카시 지음 | 김문정 옮김 | 14,000원

장사에도 왕도가 있다! 일본에서 요식업계의 전설이자 '장사의 신'으로 불리는 우노 다카시. 커피숍의 매니저로 시작해, 200명이 넘는 자신의 직원들을 성공한 이자카야의 사장으로 만든 주인공인 저자가 어떤 장사에도 통하는 성공비법을 공개한다.

## 팔지 마라 사게 하라

장문정 지음 | 18,000원

바보는 고객을 유혹하려 하지만, 선수는 고객이 스스로 선택하게 만든다! 끊임없이 고객의 마음을 읽고 반응해야 하는 설득의 최전선, 치열한 마케팅 전쟁터에서 살아남기 위해 반드시 습득해야 할 '장문정식' 영업전술 교본. 공격적이고 군더더기 없는 설명으로 마케팅과 세일즈의 핵심을 통쾌하게 파헤친다.

## 사장의 일

하마구치 다카노리 지음 | 김하경 옮김 | 15,000원

사장이 흔들리면 회사가 흔들린다! 사장은 직원의 생계와 미래를 모두 책임져야 하는 막중한 자리. 이 책은 사장이라면 마땅히 품어야 할 사명과 더불어, 책임을 현명하게 감당하게 해줄 지혜의 말을 담고 있다. 현역 사장에게는 조직의 앞날을 내다볼 통찰이, 사장이나 리더를 꿈꾸는 이들에게는 사장으로 거듭날 계기가 되어줄 것이다.

## 돈을 아는 여자가 아름답다

윤승희 지음 | 14,000원

"돈, 아는 만큼 보인다! 아는 만큼 모인다!" 현직 금융 컨설턴트가 직접 만나 밝혀낸 '대한민국 상위 1% 여자들'의 돈 제대로 모으고 쓰는 실전 노하우! 저자는 '돈만 아는 여자는 추하지만, 돈을 모르는 여자도 매력 없다'고 조언하며, 같은 돈으로 더 많은 행복을 사는 '돈을 아는 여자'로 사는 법에 대해 알려준다.

## 프리랜서처럼 일하라

이근미 지음 | 14,000원

"내가 만난 1%는 '프리랜서 마인드'로 일했다!" 20년 간 베테랑 프리랜서로 일하며, 대한민국 1%를 인터뷰한 저자가 밝힌 성공 노하우는? 업무를 익힐 땐 신입, 실무에서는 팀장, 판단할 땐 CEO같이… 즉 '프리랜서처럼 일했다'는 것! 조직생활 마인드부터 업무 실력까지, 직장인이 벤치마킹할 프리랜서만의 노하우를 한 권에 담았다.

## 답을 내는 조직
김성호 지음 | 15,000원

《일본전산 이야기》의 저자가 4년 만에 내놓은 후속작. 지금 우리에게 필요한 것은 돈도, 기술도, 자원도 아닌, 기필코 답을 찾겠다는 구성원들의 살아 있는 정신이다. 이 책은 어떻게 하면 답을 찾는 인재가 될 수 있는지 크고 작은 기업들의 사례를 통해 속 시원히 밝힌다.(추천 : 잠들었던 의식을 일깨우고 치열함을 되살리고 싶은 모든 이들)

## 인생에 변명하지 마라
이영석 지음 | 14,000원

쥐뿔도 없이 시작해 절박함 하나로 대한민국 야채가게를 제패한 '총각네 야채가게' 이영석 대표. '가난하게 태어난 건 죄가 아니지만 가난하게 사는 건 죄다, 똥개로 태어나도 진돗개처럼 살아라, 성공하고 싶다면 먼저 대가를 치러라…'. 비록 맨주먹이지만 빌빌대며 살지 않겠다고 다짐한 이들에게 바치는 성공 마인드!

## 모든 비즈니스는 브랜딩이다
홍성태 지음 | 18,000원

브랜딩은 더 이상 마케팅의 전유물이 아니다! 이 책은 살아남은 브랜드와 잊혀져가는 브랜드의 사례를 토대로, 브랜드 컨셉을 어떻게 기업의 문화로, 가치로 녹여낼 수 있는지를 쉽고 친근하게 설명한다. 브랜딩이 단순한 마케팅 기법이 아니라 경영의 핵심임을 일깨워주는 책.(추천 : 마케팅 담당자뿐 아니라 모든 부서의 직원들을 위한 책)

## 영혼이 강한 아이로 키워라
조선미 지음 | 14,000원

'친구 같은 부모가 아니라 부모로서의 권위를 갖춰라.' 아이가 자존감을 높이면서도 훌륭한 사회의 일원으로 성장할 수 있도록 이끌어주는 자녀의 영혼교육에 대한 해답을 전한다. 애착과 자율성, 원만한 대인관계, 좌절내구력, 문제해결 능력, 적응력과 유연성 등을 모두 갖춘 내공 있는 아이로 성장할 수 있는 길로 이끌어준다.

## 돈보다 운을 벌어라
김승호 지음 | 14,000원

인생은 우연과 필연의 조합이고, 그 '우연'을 다루는 기술이 바로 운 경영이다. 대기업 총수나 정치인, 유명 연예인 등 소위 1%의 사람들은 일찌감치 운 경영의 중요성을 알고 암암리에 실천해왔다. 타고난 팔자를 뛰어넘는 운 경영의 기술! 이 책은 주역이 알려주는 조직론, 인간관계, 삶의 지혜를 실용적인 사례와 함께 자세히 담았다.

공부방의 여왕